І ДВОЄ СТАНУТЬ ОДНИМ...

РОЗІНА І ДЖІНО КОСТА

І ДВОЄ СТАНУТЬ ОДНИМ...

Роздуми і пропозиції для підготовки до подружжя і життя в подружжі

Переклав о. Лев Гайдуківський

Львів Видавництво "Свічадо" 2007

Переклад за виданням: Rosina e Gino Costa. Progetto sposi. Elle Di Ci, Torino, 1983.

Художник *Роман Скиба*

УДК 301.085:15
ББК 88.5
К. 72

К 72 Коста, Розіна і Джіно
Ї двоє стануть одним...: Роздуми і пропозиції для підготовки до подружжя і життя в подружжі/ Пер. з італ. Л. Гайдуківського. — Львів: Свічадо, 2007. — 160 с.
ISBN 978-966-561-051-9

Ця книга була написана на основі діалогу з учасниками курсів для наречених. До такого відвертого і щирого діалогу, до відкритості та порозуміння запрошують автори і читачів: хлопця і дівчину, які зустрічаються і мають намір одружитися; молоде подружжя, яке освоює нелегкі „професії" чоловіка і дружини, батька і матері, а також вчителів, священиків, на яких лежить відповідальність виховувати молодь, готувати наречених до подружжя в дусі віри, євангельських цінностей, згідно Божого задуму Любові.

ББК 88.5

ISBN 978-966-561-051-9

ПЕРЕДМОВА

Хтось сказав, що в країні зулусів наречені спочатку б'ються, а потім одружуються. А в так званих цивілізованих країнах — навпаки. Ми ж додамо: настав уже час, щоб і в цивілізованих країнах молодь вивчила цей урок. Замість того, щоб „битися“ у виснажливих подружніх двобоях, вдаючись до розлучень, або жити разом, будучи цілковито байдужими одне до одного, чи не краще „битися“ перед шлюбом?

Що маємо на увазі, коли кажемо „битися“ перед шлюбом? Намагатися зрозуміти себе самих як осіб, відмінних за статтю, які з захоплюючої дійсності взаємної любові хочуть розвинути можливість порозуміння та злуки в подружжі, враховуючи плідність, що зводиться не лише до народження дітей, а простягається аж до жертовного дару людству та спільноті вірних.

Сказане вище — це схема запропонованого вам твору, що був задуманий і написаний на основі діалогу з учасниками курсів для наречених.

Пропонуємо його всім, хто готується або розпочав подружнє життя (і, очевидно, тим, на кому лежить відповідальність готувати наречених до подружжя).

Приготування до подружжя не можна вважати легким, бо воно потребує зусиль і самовідданості. Так, створилася пара, але це спільна справа, яка вимагає застосування всіх тих здібностей, що служать створенню єдності. Отже ця книга звернена до людини і віруючого у загальній перспективі спасіння, щастя й мудрості.

І кожен погодиться, що вивчення „професії“ жінки і чоловіка, батька і матері є надзвичайно важливим для моральної економії світу.

Пропозиція стосовно молитви

Ця книга подає план християнського життя для подружжя і родини. Роздуми походять від зрілого християнського досвіду в контексті гуманістичної психології й педагогіки та з чітким посиланням на євангельські цінності.

Кожен розділ, якщо він є предметом розмови під час зустрічі або якщо читаємо його особисто, може починатися і закінчуватися молитвою.

Християнин бо знає, що важко жити згідно Божого задуму, тому необхідно відкритися для благодаті, що походить від Бога. Нижче пропонуємо молитву для першої зустрічі чи для особистого читання і цитати з Біблії для окремих тем. У кінці кожного розділу є заключна молитва.

Цитати зі Святого Письма

1. Бут. 1, 26-28; 31. *Дві особи створені на подобу Божу.*
2. Бут. 2, 18-24. *Чоловік і жінка створені одне для одного.*
3. 1 Кор. 12, 31; 13, 8. *Любов ніколи не скінчиться.*
4. Еф. 5, 2; 21-33. *Таїнство любові у Христі та в Церкві.*
5. Кол. 3, 12-17. *Живіть разом у любові.*
6. 1 Кор. 6, 13-15; 17-20. *Ваше тіло — храм Святого Духа.*
7. Лк. 2, 1-7. *Нині народилося для вас Дитя.*
8. Лк. 2, 41-51. *Він ріс у літах, мудрості й ласці.*
9. Мт. 5, 13-16. *Хай світить ваше світло для людей.*
10. 1 Кор. 12, 4-11. *Багато Божих дарів для добра усіх.*

Молитва

Господи, дякуємо Тобі за дар цієї зустрічі. Помагай нам завжди бути вірними цьому дару. Зішли нам Твого Духа, щоб освітив наш розум і вчинив його сприйнятливим до правди. Бо Ти Бог, благий і чоловіколюбець, і тому славимо і дякуємо Тобі — Отцю і Сину, і Святому Духові нині, завжди і на віки віків. Амінь.

ДВІ ОСОБИ 1.

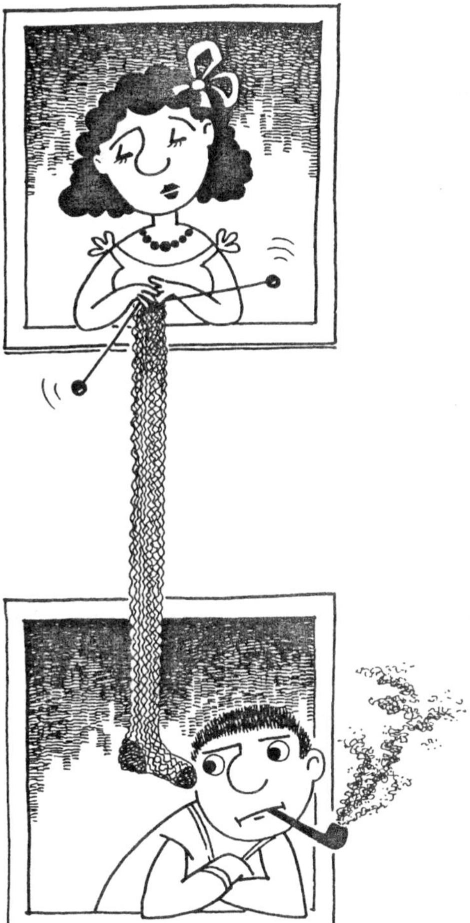

Коли особистість ще незріла

„Мені здається, що Магдалина стає чимраз порожнішою. Вона не має ідеалів і... навіть ідей, читає тільки дурниці, говорить про маловажливі речі; проблеми інших цілком чужі для неї. Її цікавлять тільки одяг, авто, дискотеки. Спочатку за її безжурністю я бачив щось інше; тепер починаю хвилюватися". Так писав один хлопець, за фахом електротехнік, який донедавна думав, що справді закоханий.

„Моя мама вважає, що я ще дитина. Я ніколи не купувала собі одягу. До швейної машини не дозволяє навіть доторкнутись. У крамницях, на базарі я нібито нічого не розумію. І це роблю зле, і те недобре... нічого не вмію робити! Мій хлопець каже, що якщо так далі буде, то, коли поберемся, мама нічого не дозволить нам робити".

Це слова Антонії, двадцятирічної студентки другого курсу університету.

А ось що каже один парох: „Дуже прикро, що багато наречених, які приходять брати шлюб, виявляють неймовірну крихкість людського характеру, не говорячи вже про повну релігійну, психічну і сексуальну непідготовленість до справи, за яку беруться".

Це лиш деякі свідчення про незрілість особи, що ставлять перед нами ряд проблем, про які мусимо поговорити:

— Що означає бути зрілою особою?
— Який зв'язок існує між зрілістю особи і подружнім життям?
— Чи можна вважати зрілою сучасну молодь? Які ознаки її зрілості чи незрілості?
— Як можна виправити можливі помилки у вихованні?
— Чи допомагають звичайні курси підготовки до подружжя у дозріванні особистості?

Що означає бути зрілою особою?

Відповідати можна на різних рівнях. Психологія, право, соціологія, мораль, віра дають відповіді, що стосуються їхньої сфери.

Для наречених ми накреслимо деякі ознаки, властиві „зрілій для любові" особі, тобто особі, що має відповідну „здатність любити".

Особа здатна любити, якщо:

— має достатньо сильний характер, щоб незалежно і відповідально вирішувати;
— має відвагу і довір'я до себе у сфері діяльності;
— має реальні погляди на життя, а не дешевий оптимізм чи гіркий песимізм;
— засвоїла головні правила відносин між людьми: чесність, вірність, альтруїзм, самоконтроль, здатність турбуватися про іншого і прощати йому...

Коли зустрічаємо таку особу, то вважаємо її зрілою, навіть якщо вона небагата, невчена, нерелігійна. А це значить, що вищеназвані ознаки є основою всього іншого, ніби фундамент, без якого не може стояти будівля справжнього подружнього життя.

Як стаємо зрілими особами?

Формування особистості починається в родині, в дуже ранньому віці, на підставі спадкових чинників і оточення, а пізніше на дитину все інтенсивніше впливають зовнішні фактори.

Кожна людина має свою єдину індивідуальність, успадковану від батька, матері, дідів, прадідів... через „гени", які є „біологічними одиницями", що будують в ядрі яйцеклітини 46 хромосом, з яких 23 — материнські і 23 — батьківські.

Від них залежить колір очей, кучеряве чи пряме волосся, ясна чи темна шкіра, але й, на жаль, хвороби та вади тіла. Безперечно, що генетичні чинники мають важливий вплив також на характер, розумові здібності та емоційність, які, однак, постійно змінюються під впливом „відповідей" зовнішного середовища на поведінку дитини.

Якщо ці „відповіді" адекватні, то дитина набуває довір'я до себе і до світу, вчиться використовувати свої здібності та перемагати потяги. Якщо ж вони неадекватні, то дитина переконується, що світ — поганий, що життя — тяжке, не вартує зусиль.

Особистість дитини певним чином сфомована вже в п'ятирічному віці. В цей період вона виявляє точні ознаки, які сформувалися внаслідок зустрічі її малого „я" з оточуючим середовищем.

Відповідно до цього проявляється запальний, сентиментальний, нервовий чи спокійний характер, стійкий або нестійкий настрій, здатність чи нездатність пристосовуватися, діяльність чи безініціативність.

Далі побачимо *(розд. 7)* головні ознаки виховних стосунків, які наречені мають знати і практикувати, щоб не повторювати помилок своїх батьків, а стати справжніми вихователями своїх дітей.

Хочемо підкреслити, що „дитяче життя" надзвичайно важливе для розвитку особи. Добре чи погане ставлення, спокій чи незгода в оточенні, стреси, комплекси в родині чи у школі відбиваються на психіці дитини, обумовлюючи її майбутню поведінку.

Вплив родинного середовища на формування особистості

Виховне середовище не завжди позитивно впливає на основні ознаки особи. Ось деякі приклади.

Довір'я до своїх здібностей

Ось свідчення однієї молодої жінки, одруженої два роки.

„У нас все було б добре, але мій чоловік не має жодного довір'я до себе. Я зробила все, що могла, ще на початку наших відносин, аби його переконати, що він розумний, що може прокласти собі дорогу в життя. Результати мізерні: зупиняється перед труднощами, на роботі — «всі здібніші від нього», якщо поручать йому щось незвичне, відмовляється, вигадуючи якусь причину. А я знаю — він боїться, що не зможе виконати".

Цій жінці ще деякий час буде важко, бо її чоловік потребує допомоги, щоб вийти з того стану, у якому він перебуває вже довгий час. Може, його батько належав до тих надто самовпевнених, що не виявляють великої пошани до своїх дітей. Або брат, з якоїсь незрозумілої заздрості, завжди його критикував: „Мовчи, ти нічого не розумієш!"

Мати реальне довір'я до своїх здібностей — це знати, що ми здатні протистояти проблемам і розв'язувати їх.

Цю здатність набувають в родині, а її головними творцями є батьки, якщо не хвалять без причини своїх дітей і не критикують їх, забороняючи діяти чи вважаючи їх нездатними і нерозумними.

Школа також може мати великий вплив. Часто вона несе головну відповідальність за почуття меншовартості й непевності, або ж певності та довір'я до себе самого.

Здатність думати

Справді зріла людина повинна вміти думати. Якщо вона на це нездатна, то значить, що вихователі не дуже сприяли її незалежності, тобто вмінню „побачити себе як особу, відокремлену від оточення". Справа в тому, що хлопець, замість запитати: „Що я про це думаю?" — звик питати: „Що про це думають інші?"

Хто не навчився думати своєю головою, той схильний легко приймати думки інших і стати залежним від них.

Прийняття себе самого

Якщо доросла людина завжди невдоволена собою і схильна підкреслювати свої вади, якщо тягне за собою почуття більш чи менш важливих провин, то вона, правдоподібно, походить із суворої й авторитетної родини, в якій сприйняття інших, далекоглядність і прощення майже не практикувалися.

Зріла особа приймає себе зі своїми обмеженнями, „вступає у приязнь" з неприємними елементами своєї особистості, які відкрито зустрічає і спокійно та конструктивно контролює.

Крім того, вона вдячна за свої таланти і тішиться ними так щиро, як тішиться талантами ближнього, сходом сонця, гарним водоспадом.

Ця щира пошана до своїх здібностей також походить, здебільшого, зі спокійного й об'єктивного середовища, в якому покору трактують не як заперечення чеснот, а вчать використовувати їх для себе і для інших.

Довір'я до людей

Марія, жінка тридцяти років, має велику проблему: не може налагодити стосунки не тільки з випадковим співрозмовником, а навіть зі своїми подругами та співробітниками. Вона каже: „Знаю, що моє ставлення — оборонне: мені здається, що всі погані й готові зрадити мене. Але треба сказати, що цього я навчилася в родині; я завжди жила в середовищі недовір'я і підозри: «Приятелі? Вони добрі, коли їм щось треба! А родина? Я далеко від неї!»"

„Олександр — надзвичайно довірлива людина, — звіряється дуже засмучена молода жінка. — Він навіть на мить не припускає, що на світі є нечесні люди. Тепер зв'язався з поганим типом. Я дуже стурбована".

До інших людей також треба мати об'єктивне довір'я. Недовіра без причини, як і простодушність, не є знаком зрілості у людських стосунках.

Здатність дарувати себе

Дитина знає тільки „логіку спонтанного обміну": „люблю тебе, бо ти мене любиш". В міру того, як вона спостерігає, що інші можуть вдовольнити її потреби, починає діяти „логіка володіння": „Люблю тебе, бо ти мені потрібний".

Це логіка дитячого типу, тому що зосереджує увагу осіб на собі. Інші — це знаряддя її добробуту, потіхи, щастя. Тільки справді зріла доросла людина перемагає цей дитячий період, переходячи в період „самопожертви". „Люблю тебе, бо хочу для тебе добра і дарую тобі себе самого".

Сумно бачити, що так багато дорослих людей не дійшли до стану самопожертви. Вони думають, що люблять інших, а в дійсності інші є для них засобами чи знаряддями задоволення.

> *Живіть у правді й любові. Будьте добрими одні для одних, готовими завжди допомогти. Будьте покірливі, сердечні, терпеливі. Прощайте одне одному так, як Бог простив вам через Ісуса Христа. (пор.: Еф. 4)*

Чи залежить дозрівання особи від суспільно-культурного та економічного становища родини?

Загальноприйнято, що добробут і високе культурне середовище мали б сприяти зрілості особи. Але не завжди такі умови є позитивними чинниками дозрівання. Часто зустрічаються особи, яких достаток вчинив безвідповідальними, а культура, зведена тільки до освіти, а не до „мудрості", — черствими, егоїстичними, нелюдяними.

Як бачимо з вищеподаних свідчень, важливішим від суспільного чи культурного становища родини є виховне ставлення батьків і атмосфера, в якій перебувають діти.

Є скромні родини, які вміють створити спокійне, емоційно багате і стимулююче середовище; а в інших родинах, такого ж економічного чи культурного рівня, атмосфера може бути цілком інакшою: панує завись, несамовите бажання володіти, поблажливість, аж до крайності.

З другого боку, деякі заможні родини виховують дітей в дусі убогості, зречення та альтруїзму; інші ж, натомість, розвивають егоїстичну ментальність, основану на успіхах та силі грошей.

Родина в кризі

Неможливо заперечити, що нинішня молодь — хто більше, хто менше — є плодом „родини в кризі“:
- — родини, залежної від добробуту, де набагато більше ціниться те, що ми маємо, аніж те, ким ми є;
- — родини в горизонтальній і вертикальній кризі, спричиненої мінливістю відносин у подружній парі та між батьками і дітьми;
- — родини некомунікабельної і необ'єднаної, яка живе більше перед телевізором, ніж навколо столу;
- — родини без моральної незалежності, яка не має необхідного захисту від зовнішнього світу, що накидає свою вседозволяючу мораль.

Ми — на переломі

Надто очевидно, що криза родини є лише одним аспектом великої кризи нашого часу, сповненого суперечностями і непорозуміннями.

Але бачимо також паростки новизни: переживаємо переломний етап, що може стати часом позитивного росту, якщо розпізнати і усвідомити можливості розвитку в цей період.

Може бути, і ми гаряче цього бажаємо, що саме нинішній молоді належить врешті розірвати замкнене коло реакцій, які через суспільство наносять удар родині, через родину — особі, через особу — подружжю, заручeним, і навпаки: через подружню пару — родині, через родину — знову суспільству; і це замкнене коло нестримно збільшуватиметься, якщо його не розірвати.

Особисте зусилля у формуванні себе самого

Отож ми переконані, що існує спадковість, а також вплив родинного середовища з його зовнішніми обставинами.

Але ми були б маловідповідальними, якби всю вину перекладали на „гени“, на виховні методи нашого батька чи вчителя, на убогість чи неосвіченість, в які нас поставило суспільство, або на моральні обставини нашого часу.

Велика частина праці над собою доручена кожній особі, її добрій волі та бажанню доповнити особистим зусиллям виховну діяльність інших, виступити проти у випадку невідповідності чи покращити її.

Інакше ми не могли б пояснити, чому сини владного батька не завжди боязкі та невпевнені, чому боязка мама не завжди має боязких дітей; і чому в світі, що перебуває в такій кризі, є стільки активних, сильних і великодушних молодих людей.

Деколи хтось із родини своїм позитивним впливом може нівелювати негативний вплив іншого. Іноді — це втручання когось стороннього або допомога групи, що підтримує у тяжких ситуаціях. Деколи вчитель чи священик допомагає молодим людям чіткіше усвідомити себе.

В усякому разі, кожна особа, роздумуючи і докладаючи певних зусиль, має змінювати свої нахили, поведінку і звички, поглиблювати свою культуру, змінювати поняття про життя, оновлювати своє існування.

У Лесі (20 років) була надзвичайно вимоглива мама, тому дівчина почувалася дуже невпевнено. Звернувшись до спеціаліста, мати і дочка помалу зуміли знайти вихід із ситуації, що виглядала трагічною. Тепер Леся впевнена у собі, і мама заспокоїлась.

Василь до 16 років жив у дуже поганій родині і, здавалося, ступив на погану дорогу. Приятель познайомив його з членами одного молодіжного гуртка. Хлопець відкрив для себе новий спосіб життя і виправився.

Хто не знає таких випадків? Тобто осіб, які зуміли незалежно і зріло змінити свою долю, попри важкі родинні та зовнішні обставини?

Але правдою є і протилежне: добрих спадкових якостей і виховного середовища також не завжди достатньо для дозрівання особи, якщо вона сама не прикладає до цього зусиль.

Господи Ісусе, Ти — правдивий образ людини. Чим більше будемо знати Тебе, тим більше знатимемо себе; чим більше будемо жити з Тобою, тим більше житимемо як правдиві люди. Бажання людства, що кипить у нас, тільки в Тобі можемо здійснити. Ти — людина для інших і для Бога, людина з іншими і з Богом. Ти — Любов, Людина-Любов, Бог-Любов.

Особа і віра

Усе написане дотепер набере нового значення, якщо поглянемо на нього у світлі віри. Що ж бо означає бути „людиною віри?“ Це означає зустріти Бога на своїй дорозі й прийняти Його як основу свого існування.

Віра не принижує і не ослаблює людину. В Бозі-Любові вона знаходить досконале задоволення своїх потреб і заповнення порожнечі, яку відчувала раніше; навіть відкриває призначення, що мобілізує всі її сили і можливості.

Ось плоди цього нового внутрішнього виміру: той, хто вірить

— набуває об'єктивного довір'я до своїх можливостей; відчуває, що вони походять від Бога, і що Він утверджує та підтримує їх;
— оцінює на підставі критеріїв, що є поза ним, але які стали його завдяки залученню розуму і волі;
— признає відверто свої таланти і спокійно усвідомлює свої обмеження: знає ж бо, що таланти Бог йому дав, щоб чинити добро для особистого збагачення і для блага інших; а обмеження Бог приймає далекоглядно і терпеливо, якщо „приязнь з ними" (про котру говорилося раніше) означає також волю вдосконалення;
— встановлює розумні стосунки з ближнім, тому що добре знає людську душу і те, що на світі є і чесні, і підступні люди; на всіх дивиться Божими очима і стає „простий, як голубка", перед чеснотою, але „мудрий, як змія", перед злом *(Мт. 10, 16)*;
— усім дарує себе самого, постійно бажаючи зробити свій невеликий вклад для добра і радості інших;
— посилює й удосконалює свою здатність любити, бо виявляє вірність без застережень, бере на себе тягар іншого і прощає йому при необхідності, готовий разом з ним іти до правди і добра.

Біда, натомість, якщо віра тільки спадкова, а не здобута чи „оновлена" власними силами. Біда також, якщо віра не основується на психічній рівновазі, вже осягнутій, або котру хочемо осягнути ясним розумом і рішучою волею.

У таких випадках релігійність не є ознакою правдивої зрілості особи, а навпаки — перешкодою для неї. Вона може бути слабим бажанням, неясним віруванням, сподіванням ототожнитися з іншим, дитячою потребою покутних чи примирних практик, навіть інструменталізацією Бога і релігійних речей, а не вірою, що спасає і діє, як квас навернення в історії особи.

Хто повинен формувати в молоді розуміння любові?

Любов як акт вибору і зобов'язання може бути тільки плодом достатньо сформованої особистості. За тим, що робимо для іншого, чи що йому даємо, ховається те, ким ми є. Ніби гра слів, але в цьому є глибока правда: любов — це „об'явлення єства". У акті любові виявляємо, які ми є насправді.

Отож, треба бути „кимось“; а для цього спочатку треба сіяти, щоб потім збирати, і щоб давати, треба спочатку мати.

Дивує і бентежить те, що багато людей, мало чи й зовсім нічого не зробивши для свого формування в призначені на це роки, мають відвагу спокійно удвох „вирушати в дорогу“, таку важливу і зобов'язуючу, якою є подружня дорога.

Відомо, що сама любов може бути джерелом особистого дозрівання (і побачимо це), тому що відкриття іншої людини і її способу існування допомагає краще розуміти себе самого, виправити можливі помилки минулого та компенсувати недоліки у вихованні. Але також відомо, що той, хто дійде до 20-25 років, не розпоряджаючись своїм мозком, бо віддав його масовому впливові, перетворився у „робота“, керованого різними модами (одягу, музики, життя... все у визначеному стилі), або завжди потребує милиць, бо не має незалежної оцінки чи поведінки; той, попри те, що не може давати, мало зможе прийняти як особа і як партнер.

Отож, маємо бути песимістами? Ні. Перш за все ми хотіли б, щоб заповнилася порожнеча у формуванні особистості, яке охоплює майже цілу юність. Якраз у такому віці, передусім в 13-14 років і далі, виховання підлітків переважно відбувається на вулиці, на основі кіно, телебачення, журналів, і, як правило, не має морально-релігійного спрямування, чи хоча б критичного, яке допомогло б підліткам принаймні думати своєю головою.

Справді, ця проблема вимагає більшої уваги від усіх: парафій, родин, шкіл, громадських діячів.

Але повернемось до теми. Що робити, коли виявимо у нашому особистому формуванні великі недоліки?

Безпосереднє приготування до подружжя

Було б надто просто — сказати зарученим: „Йдіть на курси підготовки до подружнього життя і... все піде добре!“ Потрібно щось інакше!

Так, правда, що добре ведений і засвоєний курс може допомогти зрозуміти, передусім засобами дискусій і порівнянь, те, що недобре функціонувало у твоєму особистому житті. Потім треба буде перейти до поглиблення і побудови або до перебудови.

Часто заручені, які починають курс підготовки до подружжя тільки тому, що він обов'язковий, і через це виявляють недовір'я, скептицизм і небажання, потім з радістю усвідомлюють, що відновили свій контакт з парафією, з правдами віри, а передусім, з собою.

„Тепер розумію, — трохи несміло каже один юнак наприкінці курсу, — яким поверховим я був раніше! Я навіть не уявляв, що маю проблеми. Ми з Луїзою ніколи серйозно не говорили про нас. А тут разом з усіма ми помітили, що нічого не збудували б, якби далі йшли такою дорогою. Тоді ми і почали говорити про себе і так перемогли наш сором“.

Приготування до любові для будь-якого покликання

Ми не хотіли б викликати непорозуміння в когось, хто спитав би: „А приготування до любові пов'язане тільки з подружжям?“ Ні. Дати життя подружжю не є кінцевою метою особи, тому що спочатку — людина, а потім — партнер; та навіть це виглядає парадоксально: кожна особа є справді готова до подружжя, якщо може без нього обійтися.

Зрештою, не всі одружуються, і кожна особа повинна бути здатною давати зрілі відповіді будь-якому покликанню. Також і „посвячений“ має бути серйозно сформований як особистість; і навіть успіх його покликання буде тим певніший, чим глибше коріння матиме його „вищий вибір“ в тому фундаменті особи, яким є характер.

Характер — це сукупність природних задатків, яка утвердилася в констуктивному значенні і якими воля може розпоряджатися без великих труднощів. А любов, перш ніж розцвісти на сонці життєвим вибором, має гартуватися в пуп'янку як здатність любити в тому інтимному гнізді свого я.

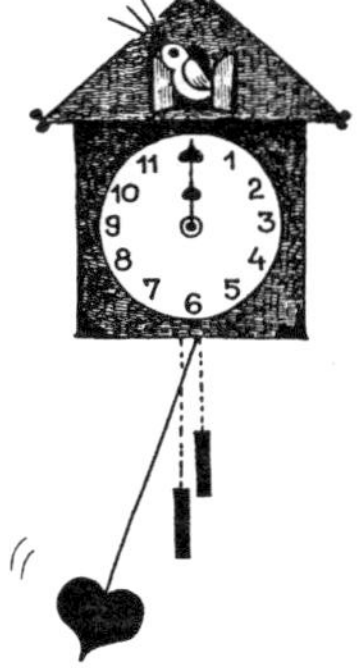

Для роздумів

Чи почуваєтесь зрілою до любові особою? Спробуйте перевірити:

— Чи вмієте незалежно і відповідально вирішувати?
— Чи маєте достатньо оптимізму?
— Чи вірні ви вашому ближньому і чесні з ним?
— Чи вмієте допомагати іншим ставати зрілими?

Яку допомогу чи перешкоду ви зустріли (стосовно вашого дозрівання) в темпераменті, в родині, в зовнішньому середовищі?

Як ви намагалися компенсувати можливі виховні недоліки щодо здатності судження, прийняття себе, довір'я до ближнього, жертовності?

Чи вважаєте себе зрілим у вірі? Спробуйте перевірити:

— Чи ваша релігійність формальна, може, навіть дитяча?
— Чи є вона внутрішньою силою, що провадить і підтримує вас у житті?

Чи зустрічалися ви з труднощами через вашу незрілість або незрілість вашого партнера від часу знайомства?

Чи думаєте, що цей курс допоможе вам у особистому формуванні?
Чи готові ви отримувати допомогу від інших і допомагати одне одному?

Молитва

Господи, Ти хотів, щоб ми були свідомими, вільними й відповідальними особами, допоможи нам стати жінками і чоловіками, сповненими вірою в Тебе, нашого Отця, і добротою до ближнього.
Вчини нас здатними приймати себе та інших. Зроби нас відкритими отримувати і готовими давати. Бо ти добрий і чоловіколюбний Отець і Син, і Святий Дух від віків і на віки. Амінь.

ЧОЛОВІК, ЖІНКА 2.

Чоловік і жінка: психофізичні особливості

У попередньому розділі ми говорили про „особу“ та про її розвиток. Але неможливо бути кимось абстрактним. Особа — це завжди чоловік або жінка: тобто єство статеве, з індивідуальними особливостями, точно окресленими не тільки з погляду генетичної спадковості.

Справді ж бо, ті «благословенні» 23-ті хромосоми, одна батьківська і одна материнська, що мають завдання визначати статевість, подбали, щоб дати нашим особам основні ознаки чоловіка і жінки, в той час, як їхні 22-і сестрички турбувалися про чорні очі та кучеряве волосся.

І тому кажемо, що справжня чоловіча чи жіноча природа, основні відмінності між чоловіком і жінкою та їх взаємодоповнювання, заховані в глибинах нашого єства.

Кожна стать по-своєму виробляє і використовує фізичну та психоемоційну енергію. Спонтанність та енергійність, реакція на подразнення, сила емоцій, інтуїція, здатність розуму до міркування тощо переважатимуть то в одній, то в другій статі.

Ось діалог між чоловіком і жінкою:

— Ти мене любиш?
— Так.
— Скажи це чіткіше!
— Я ж сказав тобі, що люблю.
— А скажи мені ще раз!
— Та що ти...

Хто з них жінка? Нема найменшого сумніву.

А тепер цей:

— Знаєш, який нині день?
— Вівторок.
— Тільки вівторок?
— Вівторок, 14.
— Місяць?
— Квітень... Ой... наша річниця! Вибач мені...

Тут також легко зрозуміти, хто — чоловік, а хто — жінка.

ЖІНКА

більше звертає увагу на дрібниці
і потребує ніжності;
вона сердечніша, ласкавіша, кмітливіша;
більш вразлива, зворушлива;
легше змінює настрій;
співчутливіша до страждань інших;
має глибшу інтуїцію,
терпеливіша і стабільніша;
дипломатична;
легше пристосовується до ситуації;
готова до самопожертви;
довірливіша;
схильна замикатися у своєму світі.

ЧОЛОВІК

звертає увагу більше на суть, як на форму;
сильніший і кремезніший;
стабільніший у настроях;
менш вразливий;
статево більш готовий;
войовничий і схильний до панування;
до міркування,
до синтезу, менше — до деталей;
має помітніші здібності лідера;
любить здобувати;
зорієнтований більше на зовнішній світ.

Але ці особливості треба брати до уваги з певною обережністю. Чимало вчителів погодяться, що жіноча інтуїція гостріша. Однак у школах є хлопці, що мають виняткові інтуїтивні здібності, і дівчатка, що краще від багатьох хлопців засвоюють математичні чи філософські науки. А хто не знає подружжя, в якому він — дипломатичний, а вона — імпульсивна?

Немало також войовничих жінок і боязких чоловіків; чоловіків, що пристосовуються, і жінок, цілком нездатних до самопожертви. Ця тема дуже широка, і говорити про неї нелегко.

На чоловіка й жінку впливає виховне середовище

Не треба доводити, що дуже багато залежить від виховання. Ми вже бачили, що войовничість чи запальність, боязливість чи непевність характеру походять із поєднання двох чинників: вроджених задатків і оточення. Отож, виховання впливає і на поведінку особи?

Тільки один приклад: батьки спокійніше приймають пасивність дівчини, аніж хлопця, який, на думку батька, має бути енергійним і незалежним, тоді як головною рисою дівчини має бути послух і примирення.

Батьки також мають надзвичайну здатність „кристалізувати" деякі риси характеру в дівчаток похвалами. Дівчинка, котрій часто повторюють: „Яка ти правильна і точна," — намагатиметься бути ще правильнішою і точнішою, навіть за рахунок творчості, яка вважатиметься найбільш відповідною чоловічою рисою.

Так само, якщо хлопчикові кажуть: „Не плач, ти ж не дівчинка", — то навчають його закону, що чоловік за всяку ціну має бути сильним.

Багатовікове недооцінювання жінки

Зрозуміло, що багато цих норм, справді надто суворих, родина запозичує із оточення, із суспільної думки, яка, відповідно, виникла під впливом багатовікових ідей і традицій, згідно з якими жінку трактували як „народжену з принципу зла разом з хаосом і темнотою" *(Пітагор)*, як „єство погане і неповне" *(Арістотель)*, як „єство недосконале" *(Аверроес)*, як „останню річ, яку Бог створив утомленою рукою" *(Дюма молодший)*.

Такі „твердження" викликають усмішку. Їх треба розглядати у тому контексті, в якому вони перебувають, перш ніж приймати за правду. Але треба сказати, що часто до жінки ставилися з ненавистю, інколи замаскованою, інколи явно нахабною.

Чому дотепер жінку недооцінювали? Нелегко відповісти на це запитання. Ми не будемо вникати у проблему відносин між психологією і культурою, про що було написано тисячі сторінок, відбулося безліч дискусій, обговорень, конгресів. Фемінізм, особливо у 50-ті роки цього століття, боровся за те, щоб виправити становище, яке вважають несправедливим, але часто розглядають через викривлені окуляри. Навіщо дискутувати далі?

На нашу думку, важливіше:

— задуматись над глибокими перемінами, які відбуваються тепер у стосунках чоловіка і жінки, намагаючись зрозуміти правдиве значення рівноправного становища, що має творитися у подружжі;
— відкривати засоби для здійснення у щоденному житті гармонійного поєднання обох статей, в якому відповідні ролі не анулюються, а прояснюються у глибокій пошані до двох способів бути особою.

Рівність не є однаковістю

Бачимо, що з різних причин у цілому суспільстві, а зокрема в подружжі, чимраз чіткіше утверджується пошана до гідності жінки, до її розумових і організаційних здібностей, до її права вибору та ініціативи. Нарешті!

Але правдою є також те, що ризикуємо вийти за межі дозволеного, бажаючи надолужити несправедливість, і створити нову нерівновагу.

Отож, йдеться про те, щоб переглянути проблему, зберігаючи позитивні здобутки і рішуче відкидаючи крайності. В подружжі чоловік і жінка — це два статеві полюси, доповнення яких з поля біологічного поширюється на поле психічне, моральне, релігійне, виховне, політичне.

У такій двополюсності немає місця для чоловічої переваги, як і для жіночої. Між обома партнерами встановлюється рівність, у якій чоловік і жінка, двоє дорослих, дві відповідальні особи, сприймають себе і трактують як таких.

Але увага! У такій ситуації відмінність не анулюються: кожен залишається самим собою, любить іншого як „відмінного", та разом шукають найкращого способу бути чоловіком і жінкою у власних стосунках, у стосунках з дітьми та зі світом.

Нові ролі

Ми поділяємо думку, що докорінне заперечення і відкидання відповідних ролей чоловіка і жінки не породжує нічого, крім непорозуміння, недовір'я, конфліктів.

Перша роль жінки — це любов. Про це сказала навіть перша жінка-космонавт Валентина Терешкова: „Жінка може вийти навіть у космічний простір, але її справжнім завданням є любити". Материнство належить тільки їй, доповнює її, реалізує краще від усякої трудової чи суспільної діяльності.

Про це говорила також Лідія Равера, письменниця, учасниця молодіжного протесту 1968 року, яка після десяти років „страху бути матір'ю", врешті наважилася привести на світ дитину, котрій каже: „Я тебе хотіла, тому що як жінка я бажала мати те, що робить жінкою у повноті".

Тепер перед нами фемінізм, який „повертається додому"; надіємось і сподіваємось врятувати, після матері, подружжя, тобто також чоловіка та батька. Чоловік бо має силу для того, щоб нести найбільші тягарі родини в ім'я любові, а не завжди в ім'я влади, та охороняти і настановляти, що властиве батькові.

Але щоб стосунки у подружжі ставали справжніми, потрібен наполегливий пошук, що бере початок з нової ситуації, в якій ми перебуваємо.

Нині роль жінки вийшла за межі домогосподарювання, охорони домашнього вогнища та виховання дітей і дозволяє їй випробовувати і реалізувати свої здібності у праці поза домом, а також усвідомити своє місце у культурному і суспільно-політичному житті.

Чоловік, знаходячи у своїй жінці економічну підтримку для утримання родини, вчиться допомагати їй у хатній роботі, бути для дітей не тільки авторитетом і провідником, але також терпеливим та люблячим батьком.

Очевидно, взаємозамінювання окремих ролей не означає їх розбивання в ім'я рівності; рівність, повторюємо, це не однаковість.

Відкрити дар бути жінкою. З вдячністю і радістю, тому що це Божий дар для збереження любові й утвердження життя. Дар і завдання. Для кожної жінки.

Треба пояснити два терміни: статевість та здатність до статевого поєднання

Приступімо тепер до опису особливостей людської статевості.

Передусім не треба плутати статевість із здатністю до статевого поєднання.

Статевість — це сукупність анатомічних, фізіологічних, біохімічних, неврологічних, психічних, етичних і релігійних особливостей особи чоловіка і особи жінки; ці особливості творять можливість сексуальної злуки і впливають на неї. Отож, здатність до статевої злуки полягає тільки у виконанні сексуальних функцій, які виконує особа, спонукана до міжособового доповнення і народження дітей.

У тварин існує тільки здатність народжувати; а в людини, вона хоч і бере початок від інстинкту, однак ґрунтується на почуттях, на волі й на вільному виборі (моральна й релігійна мотивація) і відкриває для обох партнерів можливості чимраз ширшої і глибшої злуки їхніх особистостей.

А у випадках „сублімації" здатності і діяльності народження, йдеться, наприклад, про людей, посвячених Богові (це можна поширити і на тих, що посвячують себе якомусь високому ідеалові), сексуальність не є заперечена, вона виявляється в іншій формі батьківства і материнства: через свою жертву вони здійснюють відродження синів Божих у благодаті.

Християнське поняття сексуальності

Як бачимо, наше поняття сексуальності базується на об'єднуючій ідеї про людину, в якій фізіологічний і духовний рівні перебувають у тісному зв'язку.

Від цього поняття, яке можемо назвати „антропоцентричним" (людиноцентричним; як писав святий Павло: „Все належить людині", так, як „Людина належить Богові"), є далекими інші поняття, про які згадаємо для кращого розуміння тих умов, в яких тепер перебуваємо.

— Насамперед, свавільний і анархічний напрям: сексуальність вважається тільки здатністю до фізичної злуки і не підлягає жодному закону. Єдиний закон — еротична тілесна насолода.
— Антропологічно-культурний напрям пов'язаний з попереднім, згідно з ним сексуальні звичаї походять від суспільно-культурних умов. Тому треба визволитися від історичних пережитків, щоб жити повноцінним сексуальним життям.
— Гігієнічно-санітарний напрям підкреслює фізіологічні аспекти сексуальності не так з точки зору насолоди, як із здоров'я та чистоти раси.
— Пуританськo-консервативний напрям: під фальшивим виглядом оборонця моральності він вважає, що в дійсності статеві зносини відокремлені від гармонійного поняття про сексуальність і є фатальним джерелом гріха; вони дозволені тільки як обов'язковий засіб для збереження виду, так, як це є у тварин.

Легко зрозуміти, що ці напрями хочуть розірвати єдність людини, в той час як антропоцентричний напрям вважає, що сексуальність — це ставлення цілої особи до іншої, глибоке ставлення в розумінні особистого доповнення членів подружжя: доповнення чи удосконалення, що стосується особливих призначень людини і людства.

Статеве виховання чи виховання статевості?

Сьогодні багато говориться про сексуальне виховання у значенні: „давати інформацію", „навчати, як застосовувати різні протизаплідні засоби", „подати гігієнічно-санітарні норми", „пропонувати способи і техніку, щоб статеві зносини осягнули те, що вважається їхньою ціллю".

Ось деякі приклади „сексуального виховання".

— Один молодий вчитель на зустрічі з колегами розповідає, що практикою тотального дозволу, скасуванням всякого авторитету і всякої моральної заборони йому вдалося „виправити" застаріле виховання, що давали інші. Він казав: „Треба прийняти всі інстинктивні прояви, що походять від учнів і вчителів; вчинків бо не можна осуджувати на підставі моральних законів, тому те, що робиться, не є ні добром, ні злом; воно є виявом бажання і вдоволенням бажання".

Такими є педагогічні висновки і вільнодумницьких, і антропологічно-культурних напрямків. Обидва вони прямують до усунення сексуальних табу, які християнство чи культурна традиція (і політична влада) ніби накинули суспільству, щоб легше мати владу чи осягнути свої цілі.

— „Я завжди говорив правду своєму синові, — самовдоволено каже один чоловік на зустрічі батьків, — і перелякав його венеричними хворобами!.. А згодом наш лікар навчив його, як уникнути зараження, особливо від жінок легкої поведінки".

Таке виховання має єдину мету — гігієна і здоров'я. Деколи подаються ширші відомості про статеві органи, але тільки у фізіологічному розумінні, так ніби психологічні й моральні мотиви не мають жодної ваги.

— Одна молода мати пригадує, що на „деякі" запитання не знала як відповісти; але непевність, як на диво, зникла, коли їй у руки потрапила книжечка, у якій дуже гарно порівнювались люди і бджоли.

Ми вже говорили, що людська сексуальність цілком відмінна від сексуальності тварин; отож, дивно і безглуздо застосувувати аналогію із тваринами через неоправдану сором'язливість. Навіть при найкращих намірах є ризик не подати ідею сексуальності як таку, що охоплює цілу особу.

Переглянути свою історію

Отож було б добре, якби молоді люди, дійшовши до переосмислення досягненої зрілості, перед будь-яким покликанням переглядали свою історію, щоб зрозуміти можливі помилки у вихованні і постаралися їх виправити.

До 18-20 років неможливо говорити про статеву зрілість, у значенні, очевидно, не тільки здатності до статевих зносин, але й можливості поєднати фізичні, психічні й людські складники своєї сексуальності.

Але ще в підлітковому віці хлопець і дівчина, здобувши відповідні знання про своє тіло, усвідомлюють статевий інстинкт і можливість вступити у зносини. Це особливо делікатний час у розвитку зрілої сексуальності, коли розв'язуються чи загострюються проблеми минулого; час, від якого залежить справжня зрілість чоловіка і жінки.

Сприйняття своєї статі і свого тіла

Але повернемось ще далі. Чоловіком і жінкою починають ставати набагато раніше, у дитячі роки, через справжнє і безпосереднє вивчення особи самих батьків.

Приблизно до 3-х років хлопчик і дівчинка є в однаковій ситуації з точки зору почуттів: вони сильно прив'язані до матері, в той час, як батько є першим „чужим“ в їхньому житті.

Після 3-х років вони йдуть дещо різними дорогами. У хлопчика зростає прихильність до матері, і через це почуття він несвідомо відчуває неприязнь до батька як до суперника. „Едіпова“ ситуація вирішується, коли для того, щоб бути схожим на батька, син ототожнюється з ним і перевизначає образ матері.

Дівчинка — навпаки, скеровує свою увагу від матері до батька і, подібним чином, може суперничати з матір'ю. Розв'язання наступає, коли дівчинка ототожнить себе з матір'ю і перевизначить образ батька.

Необхідно сказати, що мати відіграє вирішальну роль у розв'язанні едіпової ситуації, в якій перебуває син чи дочка. Бо насправді вона є природною вчителькою, що навчає відчувати „чужого“ батьком, чия любов огортає всю родину, а не суперником чи далеким для сім'ї.

Тільки розв'язання цих та подібних проблем дозволить синові (дочці) ототожнити себе зі своєю статтю. Треба, щоб батька сприймали ніжним і сильним, сердечним і серйозним одночасно; а мама, щоб проявляла стабільний, але не авторитарний, м'який, але не надто опікунський характер.

Коротко кажучи, добре поєднання батьківських характерів і багатство чуттєвих стосунків з дітьми дадуть достатню запоруку правильного статевого розвитку.

Якими можуть бути наслідки невдалого статевого ототожнення у зрілої до вибору подружньої пари особи?

Наприклад, наступні:

— трудність, деколи неможливість, знайти товариша (-шку), що вповні відповідав би батьківському чи материнському взірцеві, який став ідеалом;
— постійне невдоволення вибраним партнером, якщо не вдається „змінити його“ (всупереч зусиллям), згідно взірця;
— схильність до гомосексуалізму, тобто потяг (виключно або переважно) до партнера своєї статі.

Ще декілька слів про проблему сприйняття свого тіла, з якою пов'язані численні переживання підлітків.

— „Я така нещасна, — пише Марія до газети, — мені вже 14 років, а груди такі малі“.
— Михайло низького росту, тому й купує черевики з високими підборами.
— Луїза скаржиться на те, що вона — „жахлива, уста — тонкі, волосся — шорстке, ноги — надто грубі“.
— Юрій трохи кругluватий, тому не хоче одягати гімнастичний костюм.

Багато цих недоліків, з якими люди живуть роками, не відповідають дійсному стану речей, але вони спричиняють страждання, тому що суспільство дає зразки, до котрих ми мали б пристосуватися, щоб мати успіх у коханні чи в справах.

Деколи навіть сама родина спричинює ці занепокоєння і страждання, ускладнюючи дітям прийняття їхнього фізичного вигляду. Тому іноді можна побачити, що один товстенький підліток, своєчасно заохочений до гімнастики, схуд; інший, мати якого аж надто турбувалася, і далі наїдався солодощами, в результаті — поправився ще більше.

Не варто й говорити, що при зустрічі наречених, а потім одружених, реальне сприйняття свого тіла таке ж важливе, як і „сприйняття себе самого" в моральному розумінні. Звичайно, воно не виключає активного бажання вдосконалювати самих себе, щоб бути впевненішими, приємнішими і сприйнятними для інших. Але без тривоги, без виснажливих дієт, без фанатизму.

> *Дивитися на життя новими очима: не жадібними, а послужливими; не владними, а люблячими. Так народиться інша „людина". Людина, що творить кращий світ.*

Сприйняття іншої статі

Дуже важливим є сприйняття своєї статі, навіть тому, що воно сприяє і дозволяє сприйняття іншої — „відмінної статі".

Десь у 14-літньому віці хлопець (дівчина) відкриває іншу стать і можливість доповнення з нею: раніше вони тільки бавилися, потім деякий час навіть відчували до іншої статі якусь антипатію і нетерпимість. Тепер інший (-а) виявляється приємним, цікавим, здатним дати щось, що він (-а), у свою чергу, може компенсувати.

Починається перша закоханість, що дуже часто виявляє глибоку відмінність між хлопцями і дівчатами. На загал, хлопці сильно бажають досвіду статевих зносин, ще не розуміючи їх людської вартості. Вони фліртують, залицяються, роблять помилкові вибори, вступають у перші контакти, а то й набувають справжнього досвіду зі старшими жінками.

Дівчата стриманіші: для них важливою є суспільна думка, страх завагітніти. Тому часто вони закохуються (без ризику) у відомих акторів, естрадних зірок, які покоряють жіночі серця.

Але в наш час ці „кліше" непостійні: багато дівчат шукають досвіду статевих зносин, швидко ознайомлюються з протизаплідними засобами, вдаються навіть до абортів та остаточно розривають з середовищем, що їх виховало. Але нерідко буває навпаки: зустрічаються боязкі й романтичні хлопці.

Звичайно, різним є відкриття сексуальності; між іншим, у підлітків є період, коли надмір почуттів природно гальмує відчуття.

Чому ми говоримо про різні способи, через які в юнацькі роки відкривається інша стать?

Тому що такими ж способами сформувалася (або ні) здатність до стосунків, про які ми вже говорили.

Скажемо також, що, аби відкрити іншого, необхідно, передусім, вийти зі стану самозакоханості. Наприклад, якщо хлопець чи дівчина, досягнувши статевої зрілості, постійно вдається до онанізму, то виявляє цим нездатність вийти з себе самого, тобто перенести статевий потяг із себе на іншого.

Деколи така ситуація, що нерідко є ознакою справжнього розладу особистості, повторюється і у подружньому житті, стаючи основною причиною непорозумінь у подружжі.

З іншого ж боку, „завчасні сексуальні знання“, що є цілком непотрібними, руйнують психічну енергію, викликають розчарування, жаль за невинністю, а родинні суперечки завдають ще більшої шкоди.

Що можна сказати про хлопця, який, щоб зрівнятися з дорослими представниками своєї статі або щоб довести свою статеву здатність чи незалежність від традиційних норм та від родини, переходив від одного досвіду до іншого?

Він набув тільки ширшого, але, напевно, менш глибокого досвіду. Осягнув здатність до статевих стосунків, завдаючи шкоди таким людським цінностям як вірність, приязнь, великодушність, надійність, чесність; почав звикати не до вільних і відповідальних, а до бунтівних і анархічних відносин та сприймати інших як предмет і знаряддя своєї насолоди.

І надто очевидними є можливі фізичні шкоди (хвороби) і кривди, „посіяні“ кругом себе, не виключаючи народжених чи втрачених через аборт дітей.

Запорука доброї статевої підготовки

Що є запорукою доброї статевої підготовки? Добре статеве виховання в родині, у школі, в молодіжних гуртках, основною ціллю якого було формування таких рис як сильна воля та володіння собою.

Між цінностями, які нині найбільше пропагуються, є людська солідарність; але є люди, які зрозуміли, що віра є тою цінністю, котра освітлює всі інші, і що від святих таїнств можна черпати дорогоцінну життєву енергію.

Найкращою запорукою доброї статевої підготовки є:

— наявність повної моделі двополюсності „чоловік — жінка“; одне від одного відрізняється фізіологічним і психічним динамізмом, але обоє рівні в гідності особи;
— сором'язлива поведінка як захист тіла й енергії;
— прищеплення цінності чистоти як пошани до себе самого та до інших;
— піднесення свого розуміння сексуальності до безмежно важливішого рівня, ніж окремі знання про фізіологічні функції чи набуття особливих вмінь в „мистецтві“ кохання.

Отож, щасливі ті, що одержали належне статеве виховання, тому що їм буде легше жити у подружжі. Але навіть якби хтось мусив оплакувати втрачені в минулому нагоди, таки може підбадьоритися думкою, що на все є лік, бо людська особа має безліч можливостей відновлення і відкуплення. А важливою умовою для початку нового життя є зустріч із відповідним партнером і любов, що відкриває сили, аби стати на нову життєву дорогу.

Для роздумів

— Яким чином виховне середовище вплинуло на вас?
— Чи поділяєте думку, що жінка — меншевартісна істота? На чому ґрунтується ваше переконання (ідеологічні або релігійні мотиви, досвід, пережитий у родині чи поза нею)?
— Як реалізуються у вашій парі статеві відмінності?
— Що можете сказати про ідею рівності? Як застосовуєте її у вашій парі?
— Яким бачите ваше майбутнє життя? Чи буде ваша дружина працювати поза домом? Чи допомагатиме чоловік у домашній роботі та у догляді за дітьми.
— Чи добре розумієте відмінність між сексуальністю і статевими стосунками? Спробуйте перевірити: що думаєте про тих, хто з тієї чи іншої причини не практикує статевих стосунків?
— Яке ваше ідеологічне розуміння сексуальності? А, може, ви переконані, що вона не підлягає жодному законові? Чому?
— Чи вважаєте, що добре використовувати свою сексуальність означає думати тільки про здоров'я тіла та гігієну? Чи є сексуальність обов'язком, призначеним тільки для збереження людського роду?
— Чи вважаєте себе сексуально зрілими? Спробуйте перевірити: чи здається вам, що ви ототожнилися з батьком чи матір'ю (відповідно до статі), без іншого впливу? Чи сприймаєте ваше тіло таким, яким воно є, намагаючись при цьому покращити його силу і вигляд? Якими були ваші стосунки з іншою статтю до цього часу?

Молитва

Господи, Ти сотворив чоловіка і жінку, щоб вони доповнювали одне одного і кохалися, щоб творили одне-єдине ціле. Допоможи нам реалізувати цілком людську чоловічу і жіночу зрілість; допоможи здійснити взаємне доповнення у відкритій і щедрій співпраці. Бо Ти добрий і чоловіколюбець Бог єси, Отець і Син, і Дух Святий, тому Тобі вдячність і славу віддаємо нині й завжди, і на віки.
Амінь.

КОХАЮТЬСЯ 3.

Закоханість: екстаз і мука

Історія подружжя починається закоханістю.

Нелегко сказати, що означає закохатися. Закохані часто не можуть описати свого стану і, читаючи випадкові визначення, вважають їх простими і невідповідними. Дійсно, закоханість — це особливий стан, проникнутий радісним і захоплюючим потягом до іншого (-ї), який в ту хвилину виглядає єдиним і незамінимим.

Цей потяг дає відчуття щастя, цілком особливе, що полягає в екстазі та муці одночасно: вже смакується радість повного задоволення, але водночас відчувається, що дарування, якраз через те, що воно потенційно абсолютне, єдине і вічне, не є без ризику.

„Добре знаю, що, якщо віддаю себе, то цілком, тільки йому і назавжди, — казала вісімнадцятилітня дівчина у перші дні свого першого кохання. — І, правду кажучи, це мене захоплює, а разом з тим лякає. Може, тому, що я ще така молода".

Молоді ми чи немолоді, а закоханість треба перевірити і сформувати, перш ніж вона стане любов'ю.

Наслідки закоханості: творчість, правдивість, поступ

Якщо з плином часу закоханість не виявиться солом'яним вогнем, то ейфорія поступово перетворюється у творчість. Це перша ознака того, що ми на добрій дорозі.

„У мене виникло велике бажання щось робити, діяти, творити, відкривати нові обрії, знаходити приводи, щоб спілкуватися з ним, — пише Роберта у своєму щоденнику. — Чимраз більше переконуюсь, що Павло — незвичайна знахідка мого життя, єдина особа, що дає мені можливість бути собою. Коли він дивиться на мене, одразу розуміє, що я думаю, краще ніж мама і батько; він вповні розуміє і приймає мою індивідуальність. Таким чином, з ним я стаю чимраз більше собою. Але знаю, що і я для Павла стала незвичайною знахідкою, бо приймаю його так, як ніхто інший, думаю, не міг би цього зробити".

Це випадок міцної любові, заснованої на обопільному прийнятті, що спонукає до правдивості й творчості.

Іншою ознакою того, що ми ступили на дорогу справжньої любові є те, що своє попереднє життя ми бачимо у новому світлі: всі зв'язки перегруповуються навколо нової любові, а минуле вже не таке важливе, тому що почуваємо себе „народженими знову“.

На можливо складні родинні стосунки дивимось новими очима і приймаємо їх з новою, незнаною досі добротою і терпеливістю.

Якщо ж у нас за плечима якась поразка в особистому житті, то не заперечуємо її, не приховуємо, але легше приймаємо, бо інший допомагає нам звільнитися від неї. В такому новому становищі духа має значення тільки воля переробити все спочатку, щоб вповні даруватися іншому і стати досконалішим для нього.

Часто навіть трапляється, що у закоханих несподівано виникає сильна потреба молитви, тому що чудесна повнота, що пройняла серце, кличе до безмежності.

Хто в іншому любить брата у Христі, той приймає запрошення до руху вперед: встановити злуку, яка б відповідала Божому задумові. Безмежність любові стає єдиною мірою, щоб визнати її правдивість і здатність приносити плоди, що не минають.

Від закоханості до любові

Перехід від закоханості до любові буває різноманітним. Може навіть трапитись, що палка закоханість не стане любов'ю. Або може народитися глибока любов і без такої закоханості; нерідко зв'язки між юнаками і дівчатами зароджуються і розвиваються повільно і мають смак домашнього хліба.

Можливо, хоч і рідко трапляється, що закоханість супроводжує любов протягом усього життя, щодня наповнюючи його своїм живим вогнем та завжди новим чаром.

Але здебільшого палке захоплення поступово дає місце спокійному і глибокому почуттю, якого часто не визнають любов'ю, тому що бачать його таким спокійним і певним. Проте це правдива любов, яка щодня живиться взаємною відданістю і вірністю.

Отож, що необхідно робити, аби закоханість давала запоруку стабільності і поступу?

Передусім треба давати місце розумові. Помилковою є думка, що любов за всяку ціну має бути сліпою.

Коли треба перервати стосунки?

Деколи необхідно навіть перервати стосунки.

Наприклад:

— Якщо видно, що закоханість є однобічною: один з двох (інший або я сам) насправді не любить, а має тільки неясне бажання любити, хоче пригод або різноманітності у своєму житті, або певності, грошей, успіху; або ж партнер притягає його тільки красою, кмітливістю чи навіть деколи чеснотами.

Є такі особи, що вміють закохувати у себе, але самі не закохуються. Це звабники, котрим тяжко протистояти, передусім тому, що вони грають скрито. Але коли вони розкривають карти, то хочеться, щоб жертва якомога швидше позбавилася наївності.

— Коли стає зрозуміло, що партнери надто різні: мають відмінні погляди на життя, на стосунки з ближніми, на справедливість, на дітей, на віру, на вартість грошей, на становище жінки чи чоловіка.

Далі побачимо, що любов цілком не виключає відмінностей; але коли між двома партнерами стоїть безодня, то краще навіть не намагатися її перескочити. Гармонійне поєднання відмінностей можливе тільки тоді, коли є згода в основних принципах.

Отож, бачимо, що розум має втручатися, щоб виявити ситуацію та просвітити волю раніше, ніж вона вирішить послухатися спонтанного закохання. Свідома любов протиставляється спонтанності, як і, з іншого боку, холодній аналітичній суворості.

Коли двоє молодих людей серйозно люблять одне одного, любов є на їхньому боці, допомагає їм, стає терпеливою вчителькою, що дає надію та черпає з життєвих випробувань мудрість і самовдосконалення.

У цьому дусі продовжимо наш аналіз.

Аналізувати свій вибір

Нелегко і, може, навіть недоречно, коли хтось, стоячи на дорозі до подружжя, затримується на мить, щоб зрозуміти причини свого вибору. Однак, це дуже важливо для уникнення непорозумінь і розчарувань.

Постає велика дилема: вибір здійснений на реальній підставі чи задля особистих, але несправжніх потреб?

Запитаймо себе конкретно:

— Чи готовий я до цієї любові? Чи, може, я ще незрілий (заклопотаний, сумний, поверхневий, повний різних страхів)?

— Вибираю „його“ („її“), як єдину і незвичайну особу, незамінну і що не замінює іншу? Чи вибираю себе самого (свої потреби, ідеали, політику, релігію...)? Чи вибираю когось на взірець моєї матері, батька чи брата (захист, ніжність, авторитет, що вони уособлюють)? Чи вибираю протилежне моїй матері чи батькові (через перенесені в сім'ї травми або невирішені конфліктні ситуації)?

— Вибираю його риси чи здібності, бо вони служать мені, стануть спільним багатством. Його (її) жвавість дозволить мені залишитися замкненим у моїй сердитості (її делікатність терпітиме мою невихованість); його сила лишить мене слабкою, завжди потребуючою співчуття, заспокоєння, або перемінить мене у жертву).

— Вибираю його (її) обмеження, тому що вони є його трохи хворою частиною, та зможу любити їх так, як любитиму його хвору печінку? Або тому що його (її) обмеження дуже вигідні для мене (якщо він слабкий і пасивний, то зможу зробити з нього раба або бути його катом усе життя; якщо лінивий, буду працювати і за нього, в ім'я того почуття материнства, що не тільки притаманне жінкам, яке спонукає до самопожертви; або я триматиму обидва весла в своїх руках; якщо він замкнений у собі та мовчазний — я буду говорити досхочу; якщо поверхневий і не дуже мудрий — я буду визначатися своєю глибиною чи дотепністю?)

Отже, бачимо, що у випадках, коли вибір робиться не на реальній підставі, у дію вступає мотивація, корені якої деколи в підсвідомості; але найчастіше тільки в тій зоні душі, про яку не хочемо знати, бо в ній є речі, які нам не подобаються або яких ми боїмося.

Зрозуміти, чому вибирають, є основним завданням, і хоч воно вимагає нелегких випробувань, які виявляють те, що ховається в нас, таки не можна відкладати їх набік зі страху, що неодмінно довів би до розлуки. Краще зрозуміти випадкові обмеження, ніж іти далі з закритими очима.

Ось думка одного нареченого: „На вокзалі, побачивши, що не маю всього потрібного для подорожі, я питаю себе: чи те, чого мені бракує, необхідне? Якщо так, повертаюся додому; а якщо ні, сідаю в поїзд. Важливо, аби, виїжджаючи, я знав, що протягом цілої подорожі мені бракуватиме тієї речі або що під час подорожі я зможу її придбати“.

Ці слова подають цінну науку: не завжди можна починати з найкращого становища. Добро, яке робиться сьогодні, навіть якщо воно часткове, є лише етапом у напрямку до фінішу. Відверто переглянувши те, що робиться в нас самих, з доброю волею зможемо впорядкувати не цілком правильні мотиви, а також переосмислити наші сподівання, якщо б що вони виявилися надто далекими від дійсності.

Любити — це дивитись одне одному у вічі, щоб дійти до глибини душі й зустрітися там, у тому таємничому і недоступному центрі. Тоді в повноті інтимності розцвітатиме діалог без слів: сопричастя душ.

А вибір другого?

Але й другий, очевидно, має свої мотиви. І тому я маю не тільки питати: „Чому вибираю іншого?", але і: „Чому інший вибирає мене?"

Коли дві особи зустрічаються і разом проводять стільки часу, скільки достатньо для встановлення порозуміння, що не є простим „добрий день!" чи „яка гарна погода!", вони передають одне одному зовсім не випадкові знаки-послання:

— ти мені симпатичний	— ти мені несимпатичний
— ти мені подобаєшся	— ти мені не подобаєшся
— можу тобі довіряти	— не можу довіряти такому, як ти
— ти делікатний	— ти сварливий
— ти насильник	— ти чутливий
— ти подібний до моєї матері	— ти не подібний до неї...

Очевидно, майже ніколи не говоримо цього словами, частіше — очима, ставленням, тоном голосу. Треба намагатися зрозуміти ці знаки, які посилають нам ті, з ким вступаємо у певні зв'язки (колеги, знайомі, товариші, учні, якщо ми вчителі; хворі, якщо ми лікарі): це зусилля допомогло б нам краще зрозуміти іншого й те, які відносини він хоче з нами мати.

Але ще більш необхідним це стає тоді, коли інший є жінкою чи чоловіком, що претендує стати нашим партнером у подружжі. З такого аналізу випливає, наприклад, що інший вибрав саме мене, тому що я маю дуже сильне почуття материнства. Отож, треба намагатися зрозуміти, чи добре мені грати з ним роль матері і чи він почуватиметься добре, якщо я йому допоможу не залишитися вічною дитиною, тобто стати дорослим. В іншому випадку наші відносини ризикують створити доповнення, цілком некорисне для обох: я маю стати партнером і перестати бути мамою.

Очевидно, такий аналіз не завжди легкий, тому що:

— вимагає звички внутрішнього спостереження (інтроспекції), часто навіть доброго „хірургічного ножа“, а деколи і допомоги компетентної особи;
— зрозуміння і прийняття себе самого й іншого вимагають не лише спокою при зустрічі з проблемами, але і спільної волі „змінити“ певну ситуацію.

Оскільки мова зайшла про зміну, зупинимось на двох аспектах стосунків, що мають з нею багато спільного, а саме: взаємне пізнання і ототожнення з іншим.

Взаємне пізнання і його труднощі

Якщо правда, що любов — це не подія однієї хвилини, а тривалий процес, то в міру того, як наречені чи подружня пара йдуть своєю дорогою, взаємне пізнання поглиблюється. Але воно ніколи не закінчиться, бо дві особи щодня відкривають нове й незнане одне в одному: вони змінюються не тільки тому, що ростуть у літах, а й тому, що потрапляють у різноманітні ситуації: „Я думав, що добре знаю свою жінку, — каже Михайло, — але відколи вона стала матір'ю, я відкрив у ній таку терпеливість, якої ніколи не сподівався“.

Жодні інші людські відносини не дають такого глибокого пізнання, як ті, що злучують двох закоханих, бо ці стосунки охоплюють усе єство.

Справді, одне для одного є дзеркалом. Але таке дзеркало може запітніти (особливо на початку, коли закладається подружнє життя) і відбивати спотворені образи. Настає одна з наступних ситуацій:

— він або вона (рідше обоє) не виявляються такими, якими є, тому що замкнені за вдачею або за звичкою, або тому, що були пригнічені у своїй родині;
— один партнер „одягає“ на другого „одяг“, який йому більше подобається, отож, не бачить, яким він є насправді, але яким хотів би його бачити;
— один з двох не хоче відкритися чи виявити щось із свого особистого життя, боячись втратити іншого;
— один з двох (здебільшого той, хто слабший) забуває себе самого в пориві відданості і таким чином втрачає свою особистість, пристосовуючись до ідей, смаків, світогляду іншого.

Часто виникають ситуації, що можуть принести погані плоди. Але вони рідко бувають з вини тільки одного з двох, бо закоханість стає повним пізнанням тільки тоді, коли є також повним прийняттям: чим більше він погоджується, щоб я був самим собою, тим більше я стаю відкритим і зрозумілим для нього.

Ототожнення не є любов'ю

Дуже часто, передусім між молодими людьми, ототожнення з іншим вважається любов'ю. Бо природним для того, хто любить, є бажання змінитися, щоб більше подобатися іншому, або просити іншого змінитися. Бажання зміни — це довір'я до своїх можливостей, а вимагати зміни від іншого — означає признавати, що він здатний змінитися на краще.

Взаємна відданість, яка викликає любов, допомагає відкрити те, що приємне іншому, і пристосуватися до його сподівань. Але є межа: пошана до незаперечних вимог своєї особистості.

Відмінності завжди будуть існувати, і від них починається праця вдвох. Йдеться про те, щоб разом віднайти дорогу і спробувати вийти назустріч одне одному, не відхиляючись від мети — правдивої любові. Ніхто ж бо з двох не є покликаний спотворювати свою особистість, тому що любов запрошує рости в радості й гармонії.

Факт, що я відкриваю свої недоліки (те, чим я не є, і те, чого не маю) або недоліки іншого (те, чи він не є, і те, чого він не має), є доброю нагодою, щоб заснувати певного роду „комунізм" любові, в якому кожен одержує за своєю потребою й дає за своїми можливостями. Легко зрозуміти, наскільки далеким є цей обмін від торгового обміну: „Дам тобі, якщо ти даси мені".

Чи інший може вдовольнити всі мої вимоги?

Дуже важливе питання, на котре маємо відповісти однозначно — „ні", з тої простої причини, що інший, хто б він не був (батько, мама, учитель, приятель, партнер у подружжі), ніколи не може охопити усіх моїх бажань.

Щодо подружжя ми вже казали, що людина справді готова до нього, якщо може без нього обійтися. Тут ми додамо, що якби партнери про свою подружню гармонію мали поняття „я і ти, ти і я, і кінець", вони утворили б хвору подружню пару, що може вичерпатися сама в собі та стати неплідною у будь-якій сфері: особистій, суспільній, релігійній.

Далі побачимо проблему відкритості (назовні) подружньої пари; тепер лише підкреслимо, що повна залежність від партнера в подружжі не є любов'ю, а завжди виявляє погані відносини. Єдність пари полягає власне в „автономії" двох осіб.

Але це не означає віддаляти партнера від свого життя, тому що ніхто не має більше від нього підстав, щоб впливати на нас. Але факт, що я очікую допомоги від свого партнера, не має сковувати мене у пасивності, як неповноцінну особу. Партнери допомагають одне одному, доповнюють одне одного, але як зрілі й вільні особи. Це можна порівняти з рухом планет: кожна обертається навколо своєї осі, але поруч з іншою.

Засоби пізнання і згоди під час заручин

Діалог

Це основне словесне і несловесне спілкування (слова, увага, жести, заохота, похвала, докір, вияв довір'я і пошани).

Навчитися вести діалог означає закласти добрі основи для пізнання і гармонійного поєднання; але мистецтво діалогу — одне з найважчих для вивчення, тому що, в першу чергу, воно вимагає пошани до іншого, хто є зрілою особою, яку треба відповідно трактувати.

Сварка

Не існує, мабуть, наречених, котрі б не сварилися. Без сварки вони виявляли б мовчазну згоду й посередність, або недостатню правдивість і взаємну чесність.

Навіть сварка, якщо вона відбувається в межах поваги і вихованості, може бути дуже корисною для обох партнерів, а отже, і для пари: бачу, як реагую я і як реагує вона; нашу здатність чи нездатність до самокотролю; що саме „становить проблему" між нами. Для цього дуже важливим є об'єктивний аналіз кожної сварки: чому ми сварилися? як ми поводилися? чи щось вирішили?

Поведінка

Різні обставини (радість, страждання, втома, розчарування), виявляють нам самим та іншим, які ми є насправді, набагато краще, ніж розмови, яким вони часто не цілком відповідають.

Передподружня перевірка

Це особливий спосіб пізнання, який пропонується зарученим деякими відповідними центрами.

Лікар, психолог, генетик, сексолог чи священик на інформативному рівні пояснюють зарученим загальні проблеми, проводять дослідження на здатність народжувати; допомагають пояснити і розв'язати випадкові труднощі у відносинах між зарученими чи між ними і світом (передусім у власних родинах).

Легко зрозуміти, що у людини, яка віддає себе в чужі руки, виникає певне недовір'я. Але частіше це — страх: боїмося, що може виявитись перешкода для одруження, і не хочемо ризикувати.

Пригадуємо нареченим, що:

— вирушати в дорогу з „документами в порядку" дуже важливо не тільки для себе самого, але і для дітей;
— знання суті проблеми наперед може допомогти у подальшому житті.

На передподружній перевірці Петро й Іванка дізналися, що Іванка — безплідна. Вони дуже тяжко переживали це. Потім Петро запитав себе, чи, незважаючи на це, хоче одружитися з Іванкою. Відповідь була ствердною. Тепер вони добре живуть, вирішили всиновити дитину і приготуватися до плідності, хоч і не загальноприйнятої;

— передподружня перевірка рідко стає причиною розлуки. У більшості випадків мова йде про профілактику й лікування розладів або хворіб, що могли б ускладнити статеві зносини чи народження дітей.

Пройти таку перевірку означає вчинити чіткішим і певнішим свій вибір.

> *Любити — це радіти щедрості зустрічі, що дає повноту життя. Любити — це вибирати одне одного у свободі дарування, що відновлюється щодня. Любити — це подавати одне одному руку, щоб разом іти стежиною життя.*

Передподружні статеві зносини

Необхідно детальніше зупинитись на цій проблемі, оскільки багато наречених вважають, що передподружні статеві стосунки — нормальне явище, засіб взаємного пізнання.

Ця проблема вимагає особливої уваги.

Проаналізувавши аргументи, якими найчастіше пояснюються передподружні статеві зносини, побачимо, що їх можна коротко викласти наступним чином: щоб краще пізнати один одного наречені не можуть затриматися на порозі повних статевих зносин, це було б обмеженням, що суперечить їхній потребі взаємного пізнання.

Вони кажуть, що, зрештою, не вимагають одне від одного нічого іншого, крім

— „доказу любові";
— „доказу, щоб дізнатися, чи я підходжу" і чи „інший підходить мені".

Насправді ж ці роздуми деколи приховують егоїстичні мотиви — „отримати бажану насолоду". Іноді вони походять із невідповідних причин: прагнуть пізнання, пізнання найдальших меж сексуальної сфери, пізнання абсолютної цінності, так ніби неможливо пізнати її не перевіривши. Добро і зло відходять на другий план, а на першому — лише абсолютна свобода досвіду.

Треба подивитись у корінь проблеми і відверто виявити причини передподружніх статевих зносин. Зрештою, про такі зносини необхідно також говорити, оскільки вони — особливий період, що передує подружжю і приготовляє до нього.

Ці зносини мають чітку мотивацію: безпосередньо приготуватися до майбутнього дарування себе у подружньому житті. Сюди ніби входить і взаємне пізнання, але забезпечене спокусами егоїзму і нерозсудливості. Переконавшись, що вони створені одне для одного, треба зміцнювати взаємне довір'я, пошану особистості іншого і переконання, що повне дарування себе є суттєвою частиною подружжя. Отож, який сенс приготовлятися володіти чимось, чим вже володієш.

Це є відповіддю для тих, хто робить такий закид: „Ми вже пов'язані взаємною обіцянкою, тому можемо це собі дозволити..."

А тим, що додають: „У цьому виборі цінується, передусім, критерій совісті, що вартує більше від закону...", треба пригадати, що:

— людська совість — джерело світла, засвіченого в кожному, — вимагає, щоб статеві зносини перебували у відповідних межах взаємної відданості і чесного планування майбутнього.

А як не признати цих меж у подружжі? Цей стан охороняє любов і одночасно вимагає пристосуватися до її незмінної сталості;

— віруючі, якщо вони не хочуть бути неправдомовними, приймають таїнство Подружжя. Якщо подружжя є носієм благодаті, через яку двоє стають одним тілом за Божим задумом, тоді правдивим збезчещенням є використання тіла у подружній спосіб, якщо Бог не освятив цю злуку;

— відносність закону не означає, що його можна порушувати із свавільних мотивів, особливо, якщо цей закон упорядковує природні принципи.

Зрештою, треба мати відвагу говорити і про чистоту, що абсолютно не протиставляється любові. Вона є найпевнішою запорукою того, що любов збереже всю свою свіжість і спрямується до високої мети, яку має осягнути.

Панування над собою і над своїм тілом (що, очевидно, не означає зменшення чи заперечення цінностей) є обов'язковим як у цьому підготовчому періоді, так і в подружньому житті. Тільки той, хто може стримуватися і панувати над собою, може насправді дарувати себе.

Треба також пам'ятати, що період заручин, якраз тому, що це період підготовки до постійної злуки, завжди має щось від тимчасовості і, отож, можливість роздору.

Виходить, що наречені мають поводитися так, ніби вони не є нареченими?

Ні. Між ними має бути взаємоповага, турбота, сердечність і ніжність, але не в грубому бульварному розумінні, а які виринають з сили любові, що росте, і що вміє панувати над собою.

Але треба пригадати, що в таких „сердечностях" завжди треба діяти з любові, а не з метою вдоволення якоїсь потреби, та що необхідно поводитись з пошаною до іншого.

Коли йдеться про наше щастя і нашу людську зрілість, треба виробити правильне ставлення до тверджень на зразок: „Нині всі так роблять". Пристосуватися до поведінки більшості, підкоряючи свій вибір статистичному критерієві, означає мати ще дитячий світогляд, дитячу поведінку.

Дивлячись на суспільство, добре було б зауважувати не лише погані його впливи, але й бачити його як місце нашого співжиття, яке має крайню потребу знову почуватися (завдяки також нашому впливові) відповідальним за сексуальну моральність, тендітне гніздо життя, яке не може бути виставлене на пограбування — ні раннє, ні зріле.

Свіжа вода на висохлу землю — це чудесний плід, дарований молодими, що виявляють свою готовність жити любов'ю, звеличеною сильним прагненням до високих, найвищих ідеалів, а не за недоречними правилами. Жити з пошаною до таїнственної любові, охороняючи її, звіщаючи світові, що Бог став людиною і страждав, щоб дати нам таку гармонійну і спасенну любов.

Однією з найгарніших властивостей християнської віри є можливість застосовувати її принципи завжди і в кожній хвилині життя. Якщо тільки на любов, що кличе, відповідати любов'ю однаково щиро. Тому є шанс знову віднайти незмінні цінності, повертаючи до віри, визнаючи наше розчарування і виявляючи нашу змінену волю.

І на кінець — гіркий досвід молодого одруженого мужчини: „Ні я, ні вона не зберегли невинності перед подружжям. Але, якщо до вчорашнього дня я виправдовувався, кажучи, що зробив це за її згодою, то тепер зрозумів, що найгарніша згода походить від Бога. Краще визнати, що потребуємо прощення, ніж втратити почуття добра і зла“.

Для роздумів

— Які ознаки можуть підтвердити, що ваша любов справжня?
— Чи розум брав участь у вашій закоханості?
— Чи мали б ви відвагу „відступити", якби зрозуміли, що насправді закохані?
— Чи говорили ви серйозно про основні принципи життя, про дітей, становище жінки і чоловіка? Чи зуміли б ви розлучитися, якби помітили, що нема можливості порозумітися у цих питаннях?
— Чи запитували ви самі себе: „Чому я вибрав (-ла) її (його)?" і „Чому він (вона) вибрав (-ла) мене?"
— Чи здається вам, що ви вже достатньо пізнали один одного? З якими труднощами ви зустрілися при цьому (замкнутість одного з двох; бажання бачити іншого таким, яким хотілося б, а не таким, яким є; сором через якийсь свій недолік і страх втратити іншого)?
— Чи думаєте, що дотепер вам вдавалося жити автономно, одночасно зберігаючи спільне? З якими труднощами ви зустрілися при цьому?
— Як ведете діалог? Про що? Коли? Чи сваритеся? За що? Чим закінчуються ваші сварки?
— Чи пройшли ви передподружню перевірку? Якщо ні, то які труднощі (внутрішні чи зовнішні) заважають вам вирішити це питання?
— Якою, на вашу думку, має бути розмежувальна лінія між ніжністю й інтимністю перед і після шлюбу?

Молитва

Господи, Ти, що сотворив нас особами, здатними до спілкування і зустрічей, помагай нам чимраз глибше пізнаватися через діалог, відвертий і спокійний. Навчи нас слухати з увагою, симпатією, довір'ям і покорою та відповідати з пошаною, спокоєм і щирістю. Так перейдемо від закоханості до любові і дійдемо до правдивої злуки духа. Бо Ти є Бог чоловіколюбець, Отець, Син і Дух Святий, і Тобі подяку та славу віддаємо завжди і на віки віків.
Амінь.

ОДРУЖУЮТЬСЯ 4.

Мала любов хоче стати великою любов'ю

І приходить довгожданний день.

Але ще раніше приходить мить, коли, дивлячись одне одному в очі, двоє жадають увійти у щось більше: їх „мала" любов хоче вийти з інтимного і приватного, щоб виявитися у суспільному. Вони немовби хочуть сказати світові: „Хочемо, щоб наша любов була видима, щоб набула певності, щоб продовжувалася після нас. Щоб вона тривала в часі, щоб була збережена і супроводжувана у своєму розвитку нашою вірністю і взаємним зобов'язанням, щоб наші діти продовжували її після нашої смерті".

Коротко кажучи, двоє закоханих вирішують увійти в організовану форму спільного життя, яке найкраще пристосовується до їхньої чутливості, до їхніх думок, до їхнього світогляду.

Чому дехто вибирає лише „жити разом"

Це найбільш поверхнева форма співжиття, заснована тільки на приватній обіцянці деякої вірності і деякої постійності. Кажемо це тому, що рішення жити разом залишає невирішеними багато проблем і супровождується численними застереженнями:

— краще випробувати себе;
— подружжя — надто зобов'язуюче;
— ми не хочемо дітей, навіщо одружуватися?
— не почуваємося зрілими.

„Жити разом" — це те найменше (але не достатнє), що можна очікувати від любові, яка за своєю природою вимагає стабільності.

Але зрозуміло, що невеликою є та любов, що потребує „випробувати себе", якщо не хоче зобов'язань, а тільки насолоди, якщо офіційне зобов'язання пов'язує тільки з правом на дітей (яких все-таки не хоче), якщо, зрештою, вона походить від усвідомлення певної незрілості без бажання перемінити її у зрілість.

Але деколи у наш час рішення лише „жити разом" має ідеологічні мотиви.

Дехто стверджує:

— Повне визволення людини може статися тільки в суспільстві без батьків... Родина відчужує і пригноблює.

— Інститут, заснований на праві, шкодить любові, котра є спонтанною і творчою.
— Любов — це справа виключно приватна: навіщо повідомляти суспільство про неї?

Багато разів ми чули такі твердження, передусім тоді, коли навколо панувала більш чи менш облудна політична ідея — знищити інститути. Тільки мимохідь підкреслюємо глибоку суперечливість тих ідеологій, що, вихваляючи „суспільне", підтримують абсолютну приватність зносин любові, які нібито не мають з суспільним нічого спільного.

Ці думки спростуємо трохи далі, говорячи про подружжя; але вже тепер наголосимо, що часто вони приховують егоїзм, пошук насолоди, непевність, страх... Навіть той, хто однією з причин називає матеріальні труднощі (відсутність помешкання, безробіття, недостатня зарплата), в дійсності мав би пояснити самому собі справжні мотиви такої поведінки. Бо ж насправді і для звичайного співжиття потрібні помешкання і праця.

Реальні труднощі

Проте мусимо признати, що в такому суспільстві, як наше, де технічний поступ увійшов у ритм, що викликає запаморочення, для людини залишилося дуже мало місця. А отже, і для подружжя. Досить подумати про гостру житлову проблему, нестачу робочих місць, невідповідність між витратами на життя і зарплатою.

Це, без сумніву, реальні проблеми. Хочемо тільки сказати, що їх відчувають і неодружені пари, і пари, що живуть разом, як і ті, що живуть самі.

Отож, ми хотіли б усім подати надію на світ для людини; і від щирого серця побажати, щоб кожне подружжя мало свою хату, щоб усі батьки мали стільки дітей, скільки бажають, і щоб дітям не доводилось „випрошувати" своїх „старих" через економічні труднощі чи нестачу місця.

Шлюб

Між звичайним співжиттям і шлюбом є велика різниця: бо через шлюб любов із приватної й інтимної стає також суспільною інституцією.

Розповідає Ангелина: „Коли Павло спитав, чи згідна я на шлюб, я, не вагаючись, відповіла „так". І це не заради того, щоб були задоволені наші родини, не заради гарного обряду, а тому, що я переконана, що законна форма є обов'язковою. Шлюб не видається мені чимось цілком холодним і формальним, як багато хто тепер вважає. Якщо двоє справді люблять одне одного і усвідомлюють те, що хочуть будувати на любові, то законна форма саме цьому відповідає".

Ангелина має рацію, бо подружжя — це стан життя, що перевищує поодиноку особу, спрямовуючи подружню пару на службу всьому людству. І правдива любов чоловіка та жінки не може відкидати такої перспективи, якщо не хоче автоматично опинитись поза традиціями і найбільш величними угодами людства.

Любов та інститут подружжя

В інституті подружжя закон не додається до любові ззовні, а доповнює й завершує її. Інакше кажучи, любов — це суть, а інститут подружжя дає їй спеціальний характер закону, певності і сталості. Тому, якщо нема любові, законна злука не може замінити її: якщо немає „матерії", для чого потрібні сталість, вірність, вічність? А там, де є любов, інститут остаточно затверджує її достовірність і повноту.

Магдалина, студентка економічного факультету, дуже сумнівається в цьому: „На мою думку, правдива любов не повинна потребувати інституту. Ми з Іваном вирішили не одружуватися, бо вважаємо, що право аж ніяк не збагачує спонтанності. Досить поглянути, скільки подружніх пар терпить невдачу. Любилися і нерозумно вирішили замкнутися у твердий залізний панцер. Любов — це свобода, творчість".

Справді, якщо є любов, закон, здавалось би, непотрібний. Але скажемо відверто: не всі родини здатні завжди і вповні бути вірними своєму покликанню любові. В таких випадках закон допомагає їм переживати кризи і зміцнювати основи згоди.

Правда також, що право не є тираном. Справді ж бо, коли одружені хочуть розлучитися, право, навіть якщо і намагається протистояти, практично затверджує волю тих, що хочуть анулювати чи перервати свій договір. А це тому, що коли немає любові, то право вже не має „матерії", котру треба зберігати й охороняти.

Крім того, якщо багато подружніх пар зазнають невдачі, то це не з вини „залізного панцера", а з багатьох інших причин, не виключаючи, наприклад, вибору, мотивованого самолюбством і шуканням насолоди.

Магдалина міркує, як учень першого класу народної школи, що

сердився на лінійки в зошиті: „Якби не було цих дурних лінійок, я б писав рівно!“

Той, хто каже, що подружжя є „гробом любові“, змішує правдиву та фальшиву спонтанність і виявляє варту занепокоєння нездатність прийняти життя з планом особистого дозрівання.

На закінчення наголосимо, що інститут подружжя служить любові. Навіть Ніцше писав: „Інститути, що дозволяють якійсь пристрасті вірити в її тривалість, ушляхетнюють цю пристрасть“.

Але треба сказати, що в подружжі, якраз через те, що воно засноване на любові, немає місця для холодного і мертвого легалізму. Коли подружня пара звертається до адвоката, стає зрозумілим, що у більшості випадків їхній любові вже неможливо допомогти.

Любов і моральність

Чудовим є биття серця, що любить і дарується у чистій жертві щастя. Але почуття — крихке і нестійке, на нього впливають різні події. Тому так важливо, аби воно не було залишене напризволяще.

І кожного разу, коли якийсь життєвий і конструктивний акт (як у нашому випадку — подружня любов) проявляється всередині суспільства і потребує охорони та визнання, вступають у дію закони, щоб дати йому місце серед інших і певність для виконання його завдань.

З цієї причини спочатку творилися традиції, що виявляли моральність чи моральну свідомість народу, з цієї ж причини твориться закон, ціллю якого є переводити у норми ті звичаї, що виявилися мудрішими і плідніршими.

Тоді подружня любов звільняється від вульгарності мінливих почуттів і підноситься до „етичного моменту подружжя“. Його призначення — величне, святе (у світському і релігійному значенні); воно не може бути осквернене чи підкорене іншим цілям. Це говорить етична свідомість людини.

Отож, властивим призначенням любові між чоловіком і жінкою, що вільно хочуть стати одним тілом, є подружжя. Тоді дар інтимності без застережень стає правом. Сухою мовою правників це звучить так — „право на тіло“. Але ми знаємо, наскільки ширшим, багатшим і різноманітнішим є той дар, що стає правом.

Чому правом? Бо беззастережне прийняття взаємної любові вимагає, щоб давати іншому те, що йому належить і чого він як подружній партнер законно потребує.

Це означає, що подружжя як вільна і визнана згода запевняє любові нормальний і необхідний розвиток, захищений від випадкових переворотів та змін у настроях.

Отож, можна стверджувати, що подружжя є „юридично-етичним". Але цей офіційний аспект любові, що відповідає глибоким і постійним вимогам людства, не може бути відділений від особистого аспекту любові — вірності, що зароджується між двома особами. І навіть кожен з цих аспектів має потребу в іншому. Чи, може, ми менше любимо нашу дитину, бо знаємо, що вона за правом отримує від нас підтримку і колись стане нашою спадкоємницею?

Інститут подружжя без любові був би одягом без душі, так як любов без інституту подружжя була б вогнем, котрому бракувало б вогнища.

Відкриймо наші душі для зустрічі з Господом. Він — джерело любові, що не кінчається, і життя, що не вмирає. Він — жива вода, що тамує нашу спрагу щастя і миру.

Право родини

З цих причин кожне суспільство надає великого значення подружжю, зникнення котрого з лиця землі мало б дуже тяжкі наслідки для людства. Які саме?

Неважко уявити: розпад сім'ї, зведення любові до тимчасової закоханості, непевний стан дітей, занепад суспільного і навіть економічного життя (ніколи не думаємо, наскільки присвячення себе родині заохочує до праці).

Але сьогодні можемо бути спокійними. Подружжя тримається добре, незважаючи на численні песимістичні прогнози. Ні вільна любов, ні співжиття без зобов'язань, ні різні „спільноти", ні групова любов не затвердились як вартісні альтернативи подружжя.

І закони усіх країн передбачають дисципліну сімейних стосунків.

Церковний шлюб

Якщо ми говорили про „велику якісну різницю" між „життям разом" і шлюбом, то можна говорити і про різницю між цивільним і християнським подружжям?

Ось думки тих, що „вибрали“ церковний шлюб.

Луїза (22 роки, робітниця, ніколи не брала участі в релігійному житті, бліді спомини з уроків катехизму в парафії та школі): „Ми вирішили одружитися в церкві, бо той шлюб виглядає правдивішим. Він величавіший, зворушливіший від цивільного“.

Валентин (24 роки, механік, до 16 років відвідував парафіяльні гуртки): „Я навіть думати не міг про цивільний шлюб. Моя мама не зрозуміла б цього. Усі мої брати одружувалися в церкві“.

Марко і Марія (27 і 25 років; він — дипломований хімік, вона — філософ): „Ми трохи вагалися. Нам здавалося дивним і непослідовним вибирати церковний шлюб, бо ми мало віримо. Але ми не хотіли порушувати родинну традицію та спричинити біль нашим батькам. Однак думаємо, що у шлюбі є щось святе“.

Ліна (20 років, працівниця поштамту): „Михайло навіть чути не хотів, але я, наполягаючи, перемогла. Одружимося в церкві. Мені вдалося переконати його, що негарно відкидати Бога саме в таку хвилину. Я хочу, щоб усі мої документи були в порядку, але боюся... навіть сама не знаю... може, якоїсь кари Божої на нас і наших дітей“.

Чи ж не достатньо підстав для збентеження і розчарування? Правда, не бракує тих, що наводять „релігійні“ причини, і тих, що „чесно“ вибирають цивільний шлюб, бо розуміють, що вони недостатньо переконані у значимості церковного шлюбу. І ця чесність, на нашу думку, вартісніша від багатьох поверхневих виборів.

Але відомо, що зменшення кількості церковних шлюбів є явищем, яке не може не турбувати, яке є знаком недостатнього прийняття християнського життя і незнання величності таїнства любові — християнського шлюбу. Ось на які причини вказують наречені, заперечуючи християнський шлюб:

— недовіра до Церкви, спричинена упередженням або розчаруванням;
— ідеологічні чи політичні переконання.

Тим, хто відкидає таїнство Подружжя, майже неможливо допомогти. Вони самі „відлучаються“.

На щастя, сьогодні вже нечасто зустрічаємо парохів, які, переконуючи байдужу молодь, застосовують почуттєві засоби: „Хочеш вчинити своїй матері таку неприємність?“ „Я тебе хрестив, уділяв тобі перше Причастя... а тепер?“

Але безуспішним є і надто суворе ставлення: „Що ти хочеш від Церкви? Де ти був усі ці роки? З тими твоїми ідеями... Можеш одружуватися, де хочеш!“

Це дуже важливий момент. Може прийти спокуса поділити людей на дві частини: з одного боку — вірні, котрі ніколи не сумнівалися, завжди практикували; з іншого — заблукані, непевні. Першим — повне схвалення і сила таїнства; іншим — відкинення без оскарження. Але віра — це подорож, що вимагає великої терпеливості, а етапи тої подорожі знає тільки Бог.

Той, хто хоче церковного шлюбу, готовий до вірної і нерозривної злуки, вже має внутрішню схильність, котрої, може, добре не розуміє, але яка в дійсності становить згоду з творчим задумом Господа і прийняття того, що вимагає Церква.

Скажемо більше: ті, що вибирають церковний шлюб тільки заради гарного обряду, щоб бути серед батьків, родини, друзів, не повинні відчути несправедливості відкинення. Якщо вони мають добрий намір, треба зрозуміти і цей суспільний привід. Але цінуючи віру навіть у її зародкових формах, не варто забувати про невичерпні багатства таїнства Подружжя.

Одружуватися „у Господі": таїнство любові

Яка відмінність між „одружуватися в церкві" і „одружуватися у Господі"? Ось вона. Одружуватися у Господі — означає приймати таїнство, щоб стати таїнством одне для одного. Подружжя набирає значення церковної події незмірної особистої й суспільної вартості, оскільки двоє наречених стають „одним" у Господі, проголошують зобов'язання любові, згідно з Божою волею, і передають одне одному Божу благодать.

Але, якщо вони не кохають, шлюб не потрібен. Це ж очевидно! Має сенс і те, що ми казали раніше стосовно інституту подружжя: суть — це завжди любов, справді ж бо, творцями шлюбу-подружжя є пара наречених, які віддають свою любов на Божу ласку.

Звідси походить надзвичайно велике багатство. Кількість не змінюється, але змінюється якість. Подружня любов стає досконалішою, тобто подібною до любові Бога до своїх створінь, стає радіснішою.

Послухаймо Юрія й Анну: „Ми часто роздумуємо над красою тайни цієї любові, яку ми з'єднали з Богом, як і все наше життя. В ньому ми будуємо нашу єдність: єдність особисту, передусім, щоб виключити небезпечні розбіжності між відчуттями і серцем, між розумом і почуттями, між ідеалом і його здійсненням. Віра помагає творити між нами єдність. Почуття, сексуальність, особисте життя, економічні й суспільні умови, поняття про життя і світ — усе ми намагаємося злучити".

Неля також щаслива, бо вони з Павлом добре розуміють одне одного: „Така гарна і втішна річ — знати, що ми обоє йдемо до Правди. Ні він не є правдою для мене, ні я не претендую бути правдою для нього. Але одне для одного ми є тою дорогою, що веде до Правди".

Ще до зустрічі з Михайлом Магдалина познайомилася з одним юнаком, що дуже відрізнявся від неї. Це був прив'язаний до грошей матеріаліст. Тепер вона полегшено зітхає. „Раніше, — каже, — я постійно боялася. Тепер знаю, що між нами є Бог і що наш дар заснований на найбільшій безкорисливості. Любимо одне одного такими, якими ми є, а не за те, що можемо чи маємо дати".

Як далекі ці думки від квітів, музики, страху кари Божої, задоволення родини, збереження традицій... Тут відчувається віра, якою живе подружжя і яка має глибоке коріння в особистому формуванні. Хто доходить до таких висот, той переконується, що подружня злука значно вища від психофізичної злуки двох осіб, бо вона закорінена в Божій благодаті і стає у ній основним сопричастям. Але є ще важливіша річ: якщо благодать підтримує любов, то любов, у свою чергу, помножує благодать.

Божий задум

Вся християнська концепція любові ґрунтується на вірі: задум Бога-Трійці (чи ж не гарна річ — думати, що Бог у своїй найінтимнішій тайні є не самотністю, а родиною?) стосовно людини є задумом любові. Для свого здійснення на землі Він використовує подружню любов, якій призначає, вже на початку, святе й вічне завдання.

Прочитаймо разом слова Біблії: „Не добре чоловікові бути самому; сотворю йому поміч, відповідну для нього..." Тоді Господь навів глибокий сон на чоловіка, і коли той заснув, узяв одне з його ребер... і утворив жінку... та привів її до чоловіка. І чоловік сказав: „Це справді кість від моїх костей і тіло від мого тіла..." Так то полишає чоловік свого батька і матір та пристає до своєї жінки, і стануть вони одним тілом" *(Бут. 2)*.

Так було засноване подружжя — просто і велично, як і всі речі, сотворені Богом. Але його задум досконалої (завдяки рівновазі духа і тіла у повному відданні Сотворителеві) любові скоро був зраджений гріхом. Потім пішли століття глибоких порушень любові: земля побачила розвід, многоженство, гріх супроти природи, перелюбство. Але завжди жива любов Божа продовжувала „переслідувати" людство, щоб привернути його до себе, як свою дружину.

Потім Христос приходить на землю, повертає подружжю втрачену рівновагу й авторитетно підтверджує дійсність давнього задуму. До книги Буття, що ми вже читали, євангеліє від Матея *(19, 3-8)* додає: „Те, що Бог злучив, людина хай не розлучає", — тобто підтверджує нерозривність подружжя.

Пізніше святий Павло *(Еф. 5, 25-26; 28-30)* у своєму подиву гідному христоцентричному сприйнятті людського всесвіту надає подружжю, цьому „великому таїнству", гідності реального зображення любові Христа до його нареченої Церкви.

Підсумовуючи, можемо сказати, що у своїй злуці християнське подружжя живе *в реальності союзу між Богом і людством, на взірець Пресвятої Трійці і на взірець любові Христа до Церкви*.

Ось вона — велика „тайна".

Суспільне таїнство

„Священство і Подружжя означають і здійснюють нову і окрему форму постійного відновлення союзу між Богом і людиною в історії. Одне і друге точно визначають спільне й основне покликання через Хрещення і мають безпосередню мету — утвердження і поширення Божого люду. І через це вони називаються суспільними таїнствами".[1]

Кожне з цих двох таїнств діє у власному напрямку, але зі спільною метою — давати Богові дітей. Якщо у Священстві покликання до плідності здійснюється на духовному полі, то в Подружжі на користь життя і спільноти воно включає також тіло.

Далі ми побачимо конкретні способи реалізації суспільного покликання подружжя. А тут скажемо, що християнське подружжя не тільки визнає суспільні цілі природного подружжя — передання життя та розвиток людської цивілізації, але також зобов'язується жити суспільним життям для поширення Царства Божого.

Очевидно, що, в залежності від способу життя подружжя, замкненого чи відкритого, егоїстичного чи великодушного, можна дійти до найменшого наслідку любові (використання сексуальності для народження дітей і задоволення статевого потягу), або до найбільшого, що, збагачуючи подружню пару, виходить поза родинні межі.

[1] Синод італійських єпископів, Євангелізація і Подружжя, 32

Шлюбний обряд

Сьогодні велику увагу приділяють приготуванню до шлюбного обряду. Він мав би виявляти чутливість наречених, їхнє життя, віру, плани на майбутнє. Аби краще його зрозуміти, вони повинні читати і роздумувати над „чином вінчання“ хоч тиждень перед шлюбом.

Важливою є також роль священика, представника Бога і Церкви, що супроводжує вінчання за спасительним наміром Христа, пояснює значення цього вибору, виголошує молитви. До участі в цій святковій події він мав би залучити і всіх присутніх.

Наступним чинником літургійного обряду є присутність родини, друзів. Будучи частиною Церкви, вони також єднаються з подружньою парою і моляться за неї.

Ідеальними умовами для доброго вінчання є духовний зв'язок вінчаних зі священиком і людьми, які беруть участь в обряді; але передусім — злука, що походить із віри та доброї підготовки до вінчання. Це ж вони задають тон цій події і дають священикові можливість бути біля них у повній гармонії почуттів та звернутись до них словами пастиря. Якщо „проповідь“ видасться відомою, то священика вважатимуть за ледве вищого від урядовця.

Найважливішою частиною обряду є проголошення згоди парою наречених та обмін обручками. Слова „я беру тебе...“ мають, очевидно, не присвійне значення, а вибір з любові. Тому вони означають прийняття, злуку і сопричастя чоловіка і жінки, що взаємно обдаровуються як „чоловік“ і „жінка“.

Справді, можна назвати блаженними тих, що глибоко переживають цю подію благодаті. Для них цей обряд просякнутий інтимною радістю і святістю, бо знають, що Бог і Церква поділяють з ними першу мить їхнього нового життя.

Ми створені одне для одного, але разом ми створені для Бога. Він — безмежний обрій нашого життя. Він — наша ціль і наша надія. Він — фокусна точка бажання нашого серця. Нехай до Нього летять наші душі.

„Гарнір“ до вінчання

Кілька слів про „гарнір“ до вінчання: одяг, подарунки, запрошення, квіти, гостину.

Завжди хай бере гору поміркованість і добрий смак. Це одна з найважливіших подій життя, тому й треба святкувати її якнайкраще. Але подружня пара повинна пристосувати святкування до своїх почуттів і економічних можливостей.

Отож, не треба пасивно приймати те, що хочуть інші, і цілком вичерпувати свої грошові можливості (тим паче робити борги) тільки для того, щоб бути схожими на друзів або родичів чи перевершити їх.

Від багатьох речей можна відмовитись, багато — виконати простіше, не зменшуючи цим радості. Навіть якщо достатки дозволяють, поміркованість не зашкодить. Добрий смак ніколи не є галасливий: ні у квітах, ні у повідомленнях, ні у прийомі, ні навіть в одязі.

У багатьох країнах є звичай висилати повідомлення про шлюб усім знайомим. Це дуже симпатично — повідомити про таку важливу подію, тим більше, що звичайне повідомлення зобов'язує тільки до побажань. Запрошення, натомість, мають бути більш обдуманими і зверненими тільки до близьких осіб та до родичів наречених. Дехто не хоче запрошувати людей на своє вінчання; але треба перебороти думку: „тільки нас двоє і два свідки", бо вінчання — це свято усієї родини і всього „племені".

Очевидно, запрошують не тільки заради пристойності, а радше із приязні, любові, спорідненості.

Подарунки — гарний звичай, що конкретно виявляє допомогу родини і друзів новому дому. Тепер практикують „списки", щоб уникнути однакових чи непотрібних подарунків. Але не всі радо приймають цю ідею (не кожному подобається йти до певної крамниці, щоб купити конкретну річ, яка не відповідає власному смакові). Часто молодятам дають гроші. Такий звичай вигідний для них, але менш приємний для тих, що дають цей подарунок. Краще залишити вибір тому, хто робить дарунок.

Весільний бенкет не повинен перетворитися у поганське свято. Молодята і тут мають бути „протагоністами". Вживши відповідних заходів, чи попросивши про це когось із приятелів, вони можуть контролювати дух свята.

Коротко кажучи, своє свято і початок подружнього життя молодята повинні влаштувати по-своєму, виявляючи цим важливу здатність самостійно робити вибір, вільний від родинних і суспільних обставин.

Весільна подорож

Це гарна річ — побути кілька днів наодинці із своїм щастям.

Метою весільної подорожі є:

— відлучення молодят від їхніх родин;
— вияв радості з взаємної приналежності, з вільного вирішення розкладу, маршруту, проблем;
— можливість першого пристосування, у спокої, далеко від родини і друзів.

Отож, якщо є можливість провести весільну подорож, то, зважаючи на її важливість, треба все розумно і зі смаком підготувати. Якщо ж вона неможлива з економічних чи якихось інших причин, то завжди можна замінити її кількома днями у спокійній місцевості.

У всякому разі, не треба вирушати у дуже довгу і виснажливу подорож; уникати галасливих місць. Весільна подорож — це перший досвід нового подружнього стану. У ці дні починають встановлюватися правила співжиття, молоді роблять перші спроби у подоланні труднощів, непорозумінь, вчаться спільно розв'язувати проблеми.

Для роздумів

— Як ви перемогли конкретні труднощі (праця, помешкання), пов'язані з подружжям?
— Чому ви вибрали шлюб, а не звичайне „життя разом"? Чи одразу ви обоє згодилися на це?
— Чи вважаєте, що „право сім'ї" дійсне для вас? Можливо, ви не прийняли „спільність майна"? З якої причини?
— Чому ви вирішили одружитися в церкві?
— Чи роздумували ви про величність „подружжя у Христі"?
— Чи знаєте молодят, котрі у щирій вірі готуються до подружжя?
— Чи вважаєте, що до таїнства Подружжя потрібно приступати у ласці Божій?
— Яким би ви хотіли бачити ваш шлюб? Чи спілкуєтесь ви зі священиком, чи побачите його тільки перед вінчанням? Чи ваші родини і приятелі братимуть участь у цьому обряді? Що ви зробите, аби серцем вони були з вами?
— Чи помагають вам родичі у підготовці церковного обряду і свята? Чи вдалося вам переконати їх, щоб шанували ваші уподобання і почуття?
— Де плануєте провести весільну подорож? Які ваші плани на початок подружнього життя?

Молитва

Господи, що освятив любов чоловіка і жінки величним таїнством, поможи нам бути зрілими особами, для яких подружнє життя є вільною відповіддю на правдиве покликання і повне зобов'язання до великої місії. Допоможи нам приготуватися до цього таїнства зі щирою вірою і великою відповідальністю. Бо Ти благий і чоловіколюбець Бог єси, і Тобі подяку і славу віддаємо, Отцю і Синові і Святому Духові нині й повсякчас і на віки віків.
Амінь.

ЖИВУТЬ РАЗОМ 5.

Починається буденність

Весільна подорож — це тільки початок спільного життя. Справжнє спільне життя настає „потім“, коли молодята повертаються додому, чи краще тоді, коли вони входять у своє помешкання (це може бути навіть одна кімната у помешканні батьків, чи будь-яке інше тимчасове житло).

Повернення з подорожі — це завжди певне потрясіння, тому що цілком інтимна, безжурна і сповнена блискучих мрій любов має раптово зануритись у щоденну дійсність: робота, розлука на цілий день, відсутність грошей і кредити, непорозуміння, сварки.

Отож, йдеться про перехід молодого подружжя у щоденність, від ідеального — до дійсного, від мрій — до обов'язків.

Не хотілось би, щоб нас погано зрозуміли, бо слово обов'язок у наш час набуло неприємного значення — посягання на свободу.

Натомість нове становище молодят є плідним ґрунтом, на якому їхня любов стає відданістю і взаємною турботою, виявляючи свою здатність бути емоційним та моральним центром цілого життя.

Здійснення любові

А чи правда, що після шлюбу минає радість і часто навіть любов? Немов з-поміж квітів, виберемо деякі вислови, іноді досить дотепні, котрі хотіли б розвіяти чари подружнього життя:

— „Були собі чоловік і жінка середніх літ, і такі байдужі одне до одного, що спадало на думку, ніби вони одружені“ *(Брюс Маршалл).*

— „Адам заснув, і його перший спокійний сон був останнім спокійним сном: пробудився — коло нього стояла його жінка“ *(М. Г. Сафір).*

— „Одружившись, чоловік перестає боятися пекла“ *(румунська приповідка).*

— „Подружжя — це хімічна реакція, в якій два нешкідливі тіла, поєднуючись, витворюють отруту“ *(Е. Пайлерон).*

Що тут скажеш? Любов і подружжя попали під обстріл гумору, може, через невичерпну різноманітність щоденних випадків, у яких виявляється вічна суперечність між тим, ким людина є, і тим, ким мала би бути. Але ці репліки (і ще багато інших) не треба сприймати надто серйозно: вони підходять лише для веселих вечірок з приятелями.

Значно більше турбує загальна думка, яка не підтримує ідею осягнення гармонії подружньої пари. Навіть сьогодні складається враження, що багато хто не вважає її цінністю, а ще менше — нормою. Справді ж бо, щасливу пару вважають парою „поза нормою“ та дивляться на неї з іронічною посмішкою чи навіть глузливо.

„Коли мої приятелі почули, що я одружився, — говорить молодий робітник з передмістя, — то почали насміхатися з мене, кидаючи грубі репліки. Для них любов і подружжя несумісні, вони зовсім не довіряють жінкам. Це ж ясно? Вони шукають тільки таких, що лягають з ними в ліжко“.

Дійсність підказує нам таке пояснення усіх упереджень стосовно подружжя: дуже часто висміювання — це засіб, який використовує слабка людина, зрікаючись чогось, що справді вартісне; принижуючи те, що їй важко осягнути, вона сподівається, що цим себе виправдає.

Очевидно, що в подружжі завжди виникають труднощі; деякі спричинені легковажним вибором та приготуванням, інші — притаманні кожному життєвому вибору. Якраз тому, що подружжя дійсно цього вартує, за нього треба заплатити.

Справжі ж бо, подружжя — це праця постового; горе тим, що сідають, тобто втрачають пильність; горе тим, що дрімають, відпочиваючи на досягнутому!

Треба бути завжди на сторожі, рука в руці, на шляху до єдності. Хтось написав, що ідеал у подружжі — це не піддатися фізичній і розумовій неохайності співжиття, а завжди давати те, що в тобі найкраще, соромитися бути розсіяним, нудним, прикрим“.

Творити єдність двох відмінностей

Перше завдання — творити єдність. Але творити єдність двох осіб, що зустрілися в певну мить свого життя, прийшовши з двох різних світів, — це нелегка річ чи, принаймні, не автоматична. Зрештою, у світі немає нічого автоматичного, хіба тільки машини. Для людини — інакше: гарна річ в її руках сама собою не збережеться, якщо людина не додасть щось своє, оберігаючи її, допомагаючи рости, намагаючись зробити її досконалою.

Таке буває і з єдністю в любові. Але всупереч бажанню співпадіння, трапляються десятки випадків, що виявляють відмінності чоловіка і дружини:

— він любить звичайне і упорядковане помешкання, а вона — фантазію і безладдя;

чужій. Хто має довір'я, повинен бути сповнений щирістю, яка відкриває кожні двері й допомагає віддати себе навіть тому, хто упереджений щодо тебе.

Але увага! Якщо двоє пліткують чи критикують інших — це вже не є довіра, тут немає любові, на її місці опинилася цікавість, яка витісняє щирість і розглядає інших людей ззовні.

Треба також пам'ятати, що ми перші маємо дарувати довір'я, а не давати його лише взамін.

Розуміння

Треба вміти зрозуміти партнера, його потреби, настрій, душевний стан і відповідно до цього поводитися. Якщо до діалогу залучати делікатно і тактовно, то він не буде надокучливим чи нешанобливим.

Допомога

Якщо діалог дратує і відштовхує, то він не є творчим; діалог повинен допомагати членам подружжя зміцнюватись як у парі, так і особисто.

Дуже милою є розмова у вільну хвилину: про те, що зробленео, що довелося пережити, про останні події, про роботу, про гроші, відпочинок, покупки; про релігійні, моральні, культурні, суспільні, політичні проблеми.

А тепер про деякі „технічні" засоби:

— не думати, що інший обов'язково поділятиме мої почуття, думки чи враження;
— не думати, що інший не може нічого додати до того, що я вже знаю, або змінити мою думку про щось: „Тільки дурні ніколи не змінюють поглядів" *(Мірабо)*;
— не думати, що досконало знаю те, що інший відчуває або думає, ані що інший вже знає те, що я відчуваю або думаю;
— оминати згоду або незгоду без обговорення справи;
— просити ширших пояснень і більшої ясності, а не звинувачувати відразу іншого;
— вірити, наскільки це можливо, в чесність і щирість іншого;
— зустрівшись із обманом чи нечесністю, перш ніж виявляти їх, запитати себе самого, чому інший так поводився, і чи я, випадково, не є хоч трохи відповідальний за це;
— перш ніж доказувати іншому, що він помиляється, доказати, що я його люблю.

Тільки діалог, що дотримується цих правил, може творити єдність і пошану до іншого, якого треба вважати дорослим і трактувати як такого, з його незалежністю і волею.

Про волю

Погляньмо на деякі парадокси. Коли хтось каже: „Даю тобі повну свободу", — то цим приховано говорить іншому, що насправді він не є вільний, бо йому дають волю. А чи може почуватися справді вільним чоловік, якому жінка каже: „Ти знаєш, дорогий, що вільний, іди, не турбуйся, що я плачу".

Свобода в любові означає: вільно бути самим собою і дозволяти іншому бути таким. Але, очевидно, не так: „Я — вільний, отож можу зраджувати твоє довір'я", або: „Я — вільний, тому поводжуся так, ніби тебе немає в моєму житті".

Свобода одружених має оцінюватися на основі їхньої любові й вірності. Застосовуючи до подружньої любові вислів святого Августина: „Люби і роби те, що хочеш", — треба розуміти, що не любов дає нам повну волю, а що вона є умовою духа, такою творчою, що надає нашій поведінці розмаху, аби стати відповідною любові.

Отож, якщо я люблю, то не можу хотіти нічого іншого, як тільки добра і щастя для коханого. Якщо я його люблю, то не тільки сам дію відповідально, але й дозволяю йому стати відповідальним, тобто стати свідомим причин, цілей і наслідків своїх дій.

Заохота і допомога до зростання

Очевидно, взаємини двох осіб, які люблять одне одного, не можуть бути пасивним прийняттям, а ще менше гірким примиренням („Я собі його вибрала, тому мушу терпіти"). Вони радше означають: „Приймаю тебе таким, яким ти є, тому що це **ти**. Люблю і твою лінь, і твоє мале відчуття порядку. Але якщо ти хочеш піднятися трохи вище і стати кращим у Божих і моїх очах, я допоможу тобі".

Сила правдивої любові така велика, що той, хто любить, може перемінити свого коханого, якщо тільки він не має наміру над ним панувати, а стає біля нього, бере за руку і лагідно провадить.

Саме рівність подружньої пари дозволяє приймати заохоту і докір як плід любові й братньої співпраці та спонукає до спокійного усвідомлення своїх недоліків.

Ось деякі правила взаємної заохоти до зростання:

— бути щирими, але не настільки, щоб кидати гарячу бульбу в лице;
— докоряти заради об'єктивного добра, а не задля того, „що мені подобається“ чи „не подобається“;
— ніколи не докоряти в цілому, а за конкретні вчинки (наприклад, не казати: „Ти — нероба“, — а: „Вчора ти залишив багато бруду у ванній“);
— ніколи не докоряти при свідках: любов не пригнічує, не принижує і не потребує глядачів, коли хоче допомогти братові, який помилився;
— очікувати на поступ з довір'ям, далекоглядністю і терпеливістю: „Тягнучи вгору стебло, не прискоримо росту пшениці“ *(Аббе П'єрре).*

Подружжя, що страждають

Ми намагалися розповісти, як подружжя може здійснювати свій обов'язок у щоденному житті з точки зору єдності й прогресу. Але скільком парам навколо нас вдається досягнути рівноваги та йти своєю дорогою у згоді й щасті? На жаль, небагатьом. Численні ж бо подружжя — „неспокійні“. Нині бачимо, що чим більше на світі матеріального добробуту, тим легше і частіше подружжя попадають у кризу.

Вже встановлено, що великі нещастя людини (егоїзм, розгнузданий пошук за насолодами, насильство...) завжди роблять замах на сталість подружжя і його зростання у любові. Сучасні зміни у суспільному становищі родини, поверхневі стосунки між людьми, праця жінки поза домом... роблять ще тяжчим життя подружжя.

Ми опишемо декілька найбільш загальних „тяжких“ ситуацій, звертаючи особливу увагу на ті, вихід з яких залежить від самої пари, а не від суспільства.

Найчастіша причина незгод — розчарування партнером і подружніми стосунками, тому що і одне, і друге виявляються не такими, якими їх уявляли. Ось кілька причин такого розчарування:

— коли стояли перед вибором, то бачили лише добрі якості, а не вади партнера, через «одяг», який ми на нього «надягнули»; але тепер, коли той «одяг» зник, відкриваємо лише вади, а добрі якості виявляються незначними або ми не звертаємо на них увагу;

— або партнер насправді став гіршим, або тепер, вже не боячись втратити, виявляє свою непередбачену вдачу, або через прикрі події (втрата праці, смерть дорогої людини...), котрих не зумів перенести зріло;
— або подружжя втратило початкову свіжість (деколи драматичніше відкриває крихкість основ, на котрих стояло нове спільне життя), і ось наслідки цього: не витримують випробувань; ініціативи розходяться; непорозуміння стають постійними.

Деякі приклади

— Марія, одружуючись із Андрієм, котрий ледве вмів читати і писати, дуже хотіла „вивести його в люди", дати освіту і вище виховання. Коли осягнула свою мету, то помітила, що не має сильного почуття любові до свого чоловіка. Милосердя, солідарність і дружба — це ще не любов.
— Євген шукав у Юлії жінку, що підтримувала б його анархічні ідеї, вороже ставлення до суспільства і суспільного ладу. Цивільний шлюб вони взяли тільки через батьків. Але суспільство й установи існують далі, а їхня подружня єдність порушується, бо в них немає інших приводів жити разом.
— Володимир, маючи 40 років, шукав у Лесі образ своєї матері, від якої був дуже залежний. Їхні стосунки погіршуються, бо Лесю, яка не помічала цього раніше, тепер не задовільняє таке становище; між двома жінками, які ще й живуть одним дахом, виникає непримирима ворожнеча, в якій чоловік стає на бік тієї, від котрої завжди залежав.
— Оксана шукала партнера, який не був би схожий на її суворого і непохитного батька, і натрапила на дуже поверхневого чоловіка без цілей та ідеалів. Тепер вона розуміє батька, принциповість якого бачить зрілими очима, шанує його чесність, прямоту і відданість родині. І тому чимраз більше страждає через порожнечу свого чоловіка.
— Марта одружилася з Василем, бо її слабкий характер шукав скалу, на яку можна було б опертися; тепер вона відчуває, що та „скала придушує її".
— Яків, ділова людина, вибрав собі гарну жінку, якою міг перед будьким похвалитися. Тепер бачить, що його жінка надто подобається клієнтам і співробітникам, бо вона добре виконує роль, яку він сам їй призначив. Яків став ревнивим і часто провокує сварки.

— Віра хотіла відкинути формалізм своєї родини і знайшла собі дещо грубого, простакуватого, безцеремонного чоловіка; тепер соромиться за нього кожного разу, коли обідають удома чи в ресторані.
— Василь узяв собі дуже „жіночну“, тобто м'яку, слабодуху дружину, тому що почувався „мужнім“, тобто „володарем“; тепер бачить, що володарює над безхребетним молюском.

Можна продовжувати без кінця, але висновок залишається незмінним: у кожному випадку, коли вибирають партнера з наміром перетворити його на власність чи використати для розв'язання якихось проблем, для заповнення ним порожнеч, або як сатисфакцію за свої неврози, подружні стосунки стають важкими, ба навіть перетворюються в поле бою.

> *„Мовчання — це правдива розмова між двома особами, які люблять одна одну. Цінним є не те, що кажуть, а те, чого не треба казати“. Погляд, жест, увага... вартують більше, ніж сотні слів. Сопричастя між ними має свій корінь у таємничих глибинах єства.*

Що стається з невдалим подружжям?

Наслідки можуть бути такі:

— Одружені живуть у сепарації, або вдаються до розводу.
— Одружені продовжують жити разом, але творять фальшиві відносини (або невідносини), пересіяні помстою, сварками і безплідними суперечками, або байдуже „тягнуть“ далі.
— Поводяться так, ніби не помічають одне одного, навмисно не визнаючи думок і почутів партнера. Деякі пари живуть під одним дахом, звертаючись одне до одного тільки холодними словами чемності. Це — скам'яніла любов.
— Одне з двох розуміє проблему і хоче розпочати все спочатку, виступає проти власництва, провокацій чи байдужості іншого, вимагає визнання своїх прав та намагається всіма силами втягнути партнера в нові позитивні стосунки. Але партнер легко обвинувачує його у злі, несправедливості, нелюбові...

Якщо зусилля першого залишаються безуспішними, тоді настає двостороння безнадійність: один розчарований, бо другий не поділяє його ініціативи; другий розчарований, бо не може зробити марними зусилля першого. Обоє почуваються жертвами, хоч більше співчуття викликає той, хто виявляє добру волю (зберігаючи застереження щодо мотивацій його початкового вибору і щодо достовірності його дотеперішніх зусиль).

Врешті один з двох рішуче відкидає гру іншого, і той, після неминучого розчарування, починає розуміти свою початкову помилку та згоджується на допомогу (можливо, якогось спеціаліста), щоб знайти вихід і дійти до незалежності та відповідальності.

Анна Фройд, дочка засновника психоаналізу, яка також є психоаналітиком, говорить, що „творчий розум перемагає погане виховання будь-якого роду". Це твердження дуже цікаве, тому що виявляє велике довір'я до можливості відновлення, властивої кожній людині.

Ми радо застосовуємо це твердження до подружньої пари. Коли хоч один з двох має довір'я до своєї творчості, це подружжя може віднайти свою любов і зрівноважити свої стосунки. Ось чому насправді треба випробувати всі засоби, перш ніж оголосити власну поразку. А якщо перейдемо від психології до релігії і надамо їй слово, то одержимо ще інші й певніші засоби. Таїнство Подружжя за своєю природою є таким, що веде до подолання навіть великих труднощів, бо зусилля об'єднатися в любові зміцнюється і підтримується самим Богом.

Страждання подружжя. Як його уникнути або розв'язати?

Проблеми є не тільки у „невдалих" подружжях. Кожна пара переживає свої кризи, їх також „гризе" щоденність.

Ось деякі підтвердження цього.

— Подружня любов разом із відчуттям вдоволення дає відчуття *обмеженості*: обмеженості нашого партнера, нас самих, самої людської любові. Навіть найбільша, найглибша єдність не може вповні виключити самотність двох осіб.
— Любов існує у різних стадіях, потрапляє у періоди високого і низького „тиску". Навіть у випадку закоханості, що залишається „незвичайною" на ціле життя, вона з роками не тільки набирає різних відтінків (нечітка, спокійна, ясна і зріла), але й відчуває більше чи менше напруження, легше чи тяжче досягає згоди.
— „Щастя не є станцією прибуття, але способом подорожування" *(М. Рубек)*.

Отож помиляється той, хто бачить щастя як мету, або чекає, що його дадуть йому інші. Бути щасливим — означає вміти брати від життя все добро, яке воно може дати, але також прийняти страждання як необхідну умову, щоб через нього стати справжньою людиною.

Ось деякі зауваги, що допоможуть долати „мертві точки“, оминати і переборювати кризи, які виникатимуть.

Вже на початку треба виясниити питання про рівень життя, використання грошей, стосунки з батьками, працю обидвох, розподіл господарських клопотів, сексуальне життя, материнство...

— Жити цікавим і багатим (не обов'язково мати багато грошей) життям, в якому відкриваються усякі гарні речі і в якому треба разом боротися, щоб здійснити якийсь спільний проект.
— Час від часу зупинятися, щоб побачити „куди йдемо“. Поспішність, стреси, щоденна монотонність вимагають перерви. Деколи вистачає прогулянки, короткої подорожі, інтимної вечері вдвох, щоб відновити настрій перших днів.
— „Вивчити сварку“. Творча подружня пара свариться, але вміє добре сваритися. Наприклад, уникає посилення негативних реакцій: „Я відповіла тобі погано, тому що ти погано мене потрактував“. А потім він трактує мене ще гірше, і я відповідаю ще гірше.

Крім того, у сварці не „виявляють“ ні погане виховання іншого, ні риси, успадковані від матері чи дідуся. А передусім ніколи не переходять меж у словах чи жестах, не доходять до реакцій, що глибоко ображають партнера.

— „Навчитися прощати“. Тільки слабодухий або зарозумілий не вміє прощати. Як прощати? Одразу (з безконечним насупленням), повністю (із застереженнями: „Досі прощаю тобі, далі — ні!) і остаточно (із репліками на зразок „Торік ти мене образив... знай, що я не забула!“)

Прощення — це норма психології. За винятком обмежених випадків затяжної відмови від прощення, інший має право на моє щедре зрозуміння. Але прощення — це передусім закон, що походить із віри. Послухаймо ще раз Євангеліє: „Тут підійшов Петро й каже до Нього: «Господи! Коли мій брат згрішить супроти мене, скільки разів маю йому простити? Чи маю до сімох разів прощати?» Ісус промовив до нього: «Не кажу тобі: До сімох разів, але — до сімдесяти раз по сім“ *(Мт. 18, 21-22)*.

— Завжди звертатися до слів святого Павла: „Любов — довготерпелива, любов — лагідна, вона не заздрить, любов не чваниться, не надимається, не бешкетує, не шукає свого, не поривається до гніву, не задумує зла; не тішиться, коли хтось чинить кривду, радіє правдою, все зносить, в усе вірить, усього надіється, все перетерпить“ *(1 Кор. 13, 4-7)*.

Для роздумів

— Чи вірите в майбутнє вашої любові? Чи знаєте подружні пари, що живуть згідно свого покликання?
— Думаєте, що зможете творити єдність, шануючи відмінності? Спробуйте перевірити: чи готові ви змиритися з тим, що уподобання інших (на кухні, в меблях, в одязі...) можуть переважати ваші? Чи признаєте, що ваше улюблене заняття і розваги можуть бути надто обтяжливими для інших? Яке уподобання або розвагу іншого вам найтяжче прийняти? Чому?
— Спробуйте проаналізувати, яким є ваше ставлення до співрозмовника? (Домінуюче, поступливе, повчальне чи бунтівниче). А „як" ви говорите з вашим партнером?
— Чи можете у ваших стосунках об'єднати свободу і вірність?
— Чи знаєте подружжя, які страждають? Чому?
— Як ви оцінюєте поверхневість, з якою численні пари вдаються до розлучення?
— Чи знаєте подружжя, в яких стосунки „скам'яніли", або подружжя, в яких одне з двох намагається, але даремно, виправити помилки? А подружжя, в яких одному з двох вдалося залучити іншого у покращення подружніх стосунків?
— Якщо виникнуть якісь труднощі, до кого ви звернетесь по допомогу (до батьків, брата, сестри, приятеля, священика)?
— Чи ви вже розмовляли про організацію вашого майбутнього життя (про працю обидвох, про дітей, стосунки з іншими)?

Молитва

Господи, Ти запрошуєш нас ставати чимраз подібнішими до Тебе взаємним відкриттям і даруванням. Вчини, щоб ми жили разом не тільки тілесно, але щоб вміли ділити одне з одним і радість, і страждання, щоб шанували й поважали одне одного, і щодня були готові до щирого прощення. Хай наші стосунки будуть вільні й вірні. Твоя любов хай буде завжди з нами. Амінь.

ДВОЄ В ОДНОМУ ТІЛІ 6.

Дарування себе іншому

„На другий день ми поїхали до озера, що поплавати на човні. Дивлячись, як ритмічно він веслував, я несподівано відчула радість з того, що стала його назавжди“. Так писала молода жінка про „другий день“ після першої ночі.

На жаль, тепер дуже часто немає „першої ночі“, бо вже була не одна. Кажемо „на жаль“, не з пустого почуттєвого жалю, а тому, що вважаємо: дарування свого тіла, ставання „двох одним тілом“, поставлене, за Божим планом, на його належне місце (тобто, після вінчання). І воно справді вповні виявляє ту взаємну відданість, що, після періоду підготовки, знаходить підтвердження і освячення у шлюбі.

Це правда, що в наш час багато вінчань доводиться відкладати через причини (економічні обставини, житлові проблеми...), які неможливо вирішити, а відкладене часто втрачає свіжість і поетичність. Інші ж прискорюються з невідкладних причин, навіть між неповнолітніми. Але перекладати відповідальність за нашу поведінку на світ, в якому живемо, на труднощі, з якими ми зустрічаємося, було б, мабуть, трохи спрощено.

Справа в тому, що ліберальна мораль нашого часу поширилася також і на інтимну сферу подружніх стосунків, даючи „передподружнім стосункам“ неправильний вигляд та зменшуючи, чи навіть заперечуючи, вартість фізичного дівицтва.

Але вимогам знищити старі табу протиставляються деякі аспекти, що змушують до роздумів. Наприклад, вона хоче білої сукні, він ревнує: нахабно сказавши, що „матеріальне дівицтво нічого не варте“, він таки переслідує свою дівчину чи жінку, якщо тільки має підозріння, що раніше вона була з іншими.

Дівицтво, як і загальна чистота, є цінністю, яку тяжче визначити, ніж прийнято вважати. Скажемо коротко: його цінність у тому, що воно є станом непорушності чи збереження, не є ні легким, ні звичайним, становить шляхетний предмет дару комусь чи чомусь гідному: одне одному в подружній парі, Богові, ідеалові.

Але дівицтво може бути вільною жертвою або обов'язковою умовою. Отож воно тим менше вартує, чим більше залежить від примусу, від неусвідомлених норм, від формалістичного виховання і т. д.; а більш вартісним воно стає тоді, коли походить з особистої волі й жертовного настрою.

У наші часи на передподружнє дівицтво накинулася маса критики, його просвітили рентгенівськими та ще модернішими апаратами. Сказали: „Вона не має реальної цінності, тому що однобічно нав'язана жінці «сильною» статтю". Інші додають із невимушеним повчанням: „Внутрішнє дівицтво вартує набагато більше від фізичного".

До якоїсь міри ми погоджуємося з цими ідеями. Дівицтво, мотивоване тільки дотриманням традиційного правила, є знесиленим, бо позбавлене кисню і особистої свободи; тому спрощене ототожнення дівицтва з фізичною непорушністю є неповним, бо моральна вартість не може відокремитися від духовного світу.

Звідси походять гідні уваги наслідки: дівицтво можливе навіть для тих, хто хоче визволитися від свого минулого; а з іншого боку, дуже убогим є дівицтво того, хто, зробивши зі своєї непорушності фетиш, таємно вдається до надолужень у менш компроментуючих формах.

З двох стати одним

Постараймося тепер зрозуміти цілковито невимовну тайну „з двох ставати одним" у подружньому житті.

Дарування себе самого дивовижне вже за своєю природою, бо є виявленням любові, сягає вершини єдності, що є особливим, незрівнянним виразом єдиного ступеня близькості, властивої одруженим. На хвилі ніжності, що їх обіймає, вони відчувають природний і здоровий поштовх виразити взаємну відданість у повній вичерпній зустрічі.

У такі хвилини зникають перепони сором'язливості, яка, натомість, стає для них непереборною силою виняткової відданості. Їхні тіла зливаються в прагненні щастя, що запалює сили, дані їм природою. Вони відчувають, що такого ритму набирає їхній розум, воля, душа.

Така злука стає актом волі, що співдіє з наперед визначеним планом, який перевищує ті дві особи. Тому вони відчувають, що їхня злука вже постійна, і знають, зі спокійною певністю, що злучені для вдосконалення та щастя.

Повне щастя? Йдеться про одну з тих хвилин, що дають змогу людині відчути обмеження, поза яким вона відчуває вічність. Хто зрозумів цю радісну природу подружньої злуки, не може звести її до еротичної розваги, ні, з іншого боку, вважати важкою чи принизливою подією.

Якщо є справжня любов, то статеві зносини стають суттєвою підставою подружньої злуки, адже їх здійснення вважається критерієм незмінної законності подружжя.

Але є щось більше. Маємо на увазі величаву дійсність благодаті, яку Христос дає подружжю. Завдяки цьому молоді злучаються з Богом, що дає їм особливу допомогу і благословення.

Очевидно, подружні зносини мають бути виявом правдивої любові, тобто початком інтимності, що стає основою нового життя, а не кінцем діалогу між чоловіком і жінкою.

І коли бачимо навколо нас дуже вільні статеві стосунки поза подружжям, не можемо не погодитися з цим здоровим судженням: зробили розвагу з того, що стає оскверненням людської особи. Тільки віра допомагає не розчаруватися? А ще почуття людяності, яке переконує нас в облудності цієї болючої і цинічної гри?

Дарування себе без жертви подружньої відповідальності — це жорстокий жарт, що обертається проти одного і другого. А людська авантюра, що шукає любові між чоловіком і жінкою, не має кращого наслідку від сопричастя духа і тіла, що стає домом, чистим повітрям, де запал злагіднюється у постійне полум'я між пошаною до суспільства і в мирі сумлінь.

Подружня любов — це чудесна і тендітна квітка. Дарування себе самого в ній осягає вершину єдності, що є особливим, незрівнянним досвідом. На хвилі ніжності, що обіймає одружених, вони відчувають природний і здоровий поштовх до вияву взаємної відданості у повній і вичерпній злуці.

Мораль ніжності

Немає добрих стосунків у подружжі, якщо немає добрих статевих стосунків; але немає добрих статевих стосунків, якщо немає добрих емоційних відносин.

Тіло ж бо, якраз завдяки глибокій психофізичній єдності особи, має свою мову, якою виявляє спосіб буття цілої особистості і характеризує відносини з іншим.

Отож, у статеві відносини входить особисте життя кожного партнера, яке творить обумовлення у позитивному чи негативному значенні, згідно відносин, які склалися перед вінчанням. Якщо обоє навчилися жити „для іншого і з іншим“, то це має добрий вплив і на статеве життя подружжя. Якщо, натомість, особисте ставлення позначене егоїстичною звичкою жити „для себе і з собою“, то і статеве життя подружньої пари буде порушене.

Здатність до статевих відносин має дуже велике значення для морального поступу одружених, яке не поступається дуже важливій ролі — народженню дітей. Справді ж бо, дарування себе передує можливості плідності і є подією, що залучає до участі кохання і, отже, приводить в дію відносини між партнерами.

„Мій чоловік ніколи не каже мені сердечних слів. Він приходить додому і читає часописи. За обідом критикує те, що я приготувала. Часто я буваю втомлена, м'язи напружені й болять, та він ніби й не помічає цього, а коли лягаємо спати, то ще й сердиться, що я не можу розслабитися. Мав би зрозуміти, що я вже віддавна у критичному стані...“ Ось болюче зізнання Марини після трьох років подружнього життя.

А Ірина: „Мені здається, що чоловік вважає мене повією“.

Якщо статеві відносини не включають цілу особу (чуйність, щирість, душу), вони стають незрілим людським вчинком, бо зводяться тільки до акту тіла. І навіть якщо вони є технічно досконалими, все ж не можуть з'єднувати, тому що є тільки простою злукою тіла, в якій не бере участі дух. Хіба є велика різниця між статевими стосунками без душі і стосунками з повією?

Але послухаймо скарги і з іншого боку.

Марко каже: „Моя жінка думає, що ще не готова. Коли добре мені, їй — ні, і відкладає. Справа ускладнюється...“ А Мирослав ще сильніше виявляє своє обурення: „Спочатку моя дружина вимагала від мене делікатності і спокою, а тепер думає тільки про себе, про власну насолоду“.

Коротше кажучи: робити з іншого знаряддя для своїх цілей, вважати його просто засобом для насолоди — означає нищити його як особу. Повний вияв подружньої любові є чимось надто гарним, щоб підкоряти його дріб'язковому самолюбству; за своєю природою він є згодою двох, яка виключає однобічність.

Китайська приказка каже: „Хто споглядає себе самого, не випромінює світло“. Ми додамо: хто шукає насолоди тільки для себе, той увесь сконцентрований на собі, він не тільки не дає радості іншому, але й сам себе не вдовольняє. Його задоволення було б більшим, якби більшою була його відданість.

Зрозуміти цю правду нелегко: неможливо володіти іншим, якщо не звільнити себе від себе, щоб інший міг оволодіти мною. Тоді я вже не є власником, а приймаю вільну відданість іншого і запевняю його такою ж безпекою і відданістю зі свого боку.

Тобто між двома партнерами ще раз відбувається обмін, заснований не на подвійній бухгалтерії — „мати і давати" (я даю тобі, щоб ти дав мені), а на принципі — „я даю тобі, тому що люблю тебе, а ти даєш мені, тому що певний, що я люблю тебе". А це — щось таке величне, таке гарне...

Статеві органи

Мабуть, доречно буде запитати, чи знаємо ми фізіологію двох статей?

Пізнання своїх статевих органів та статевих органів протилежної статі має велике значення для добрих відносин, хоч самих знань не достатньо, якщо немає любові і здатності до статевих відносин. Але припустивши існування любові та зрілості особи, треба зрозуміти ще й явища, які відбуваються в цьому гарному людському тілі з точки зору злуки двох статей і народження дітей.

Статеві органи людини поділяються на внутрішні й зовнішні.

Фізіологія і функція чоловічих статевих органів

— Чоловічими статевими залозами є *яєчка*, які знаходяться в *мошонці*, розміщеній в передній частині пахви. Від них відходять дві *сім'явивідні протоки*, які проходячи перед *лобком*, проникають в малий таз, огинають *сечовий міхур* і розширюються, переходячи у *сім'яні міхурці*. Потім, пройшавши через *простату*, ці *протоки* отримують назву *сім'явивідних* і зливаються із сечовивідним каналом. Простата супроводжуються двома малими залозами, т. зв. *куперовими залозами*, функція яких, як побачимо далі, є надзвичайно важливою. Сечовивідний канал проходить вздовж усього статевого члена, який складається з *кореня* та *тіла*, одна частина якого є внутрішньою, інша — зовнішньою. Остання, у своїй кінцевій зоні, називається *головкою статевого члена* і покривається шкірою, т. зв. *крайньою плоттю*, яка, через те, що є рухомою, дозволяє оголення головки. Якщо крайня плоть знімається з трудом, через що є неможливим відкриття головки, ще означає наявність невеликої вродженої аномалії (*фімоз*), яку можна усунути нескладним хірургічним втручанням (*обрізанням*), яке в деяких народів набуло обрядового і релігійного значення.

— Залози-яєчка виділяють запліднюючі клітини чоловічого насіння (сперматозоїди) і чоловічі гормони. Канали, про котрі ми говорили, служать для перенесення сперматозоїдів у статевий член, а звідти — назовні. По дорозі це насіння збагачується рідиною, що виробляється сім'яними міхурцями та простатою, тоді його називають спермою. Сперма виходить назовні сечовивідним каналом. Але сеча і сперма ніколи не можуть проходити через нього разом, бо куперові залози клапанним механізмом дозволяють перехід то одній, то другій, залежно від імпульсу, що походить від мозку.

Фізіологія й функція жіночих статевих органів

— На відміну від чоловічого, у жіночому тілі сечовий орган відділений від статевого.

Між отвором *сечовивідного каналу* і *анальним отвором* є вхід до піхви, закритий *дівочою плівою*. У дівчини ця пліва непошкоджена. Її розрив називається *дефлорацією*. Цей акт викликає невеликий біль і незначне крововиділення. Дівоча пліва буває різноманітних форм, іноді навіть лікареві важко з певністю стверджувати дівицтво.

Вхід до піхви оточений *малими* і *великими губами*, що разом утворюють *вульву*. У крайній верхній частині малих губ легко виділяється невеликий орган — *клітор*, що нагадує чоловічий статевий орган у зменшених пропорціях.

Піхва — це порожнина довжиною 8-10 см, що досягає шийки матки і знаходиться між сечовим міхуром та прямою кишкою. Стінки піхви дуже м'які та еластичні, що дозволяє їй розтягуватись.

Матка має форму перевернутої груші, — мала довга і вузька порожнина, оточена щільними стінками. Вгорі вона з'єднана з *фаллопієвими трубами*, по одній з кожного боку. Вони ж закінчуються невеликими „лійками". Недалеко від двох „лійок" відповідно знаходяться *яєчники*, залози розміру мигдалини, які продукують яйцеклітини та жіночі статеві гормони.

— Тканина яєчників створена з великої кількості недозрілих яйцеклітин, з яких протягом життя жінки дозріває тільки кількасот. Під час *овуляції* одна яйцеклітина росте швидше від інших, обвивається мішечком, що містить фолікулярну рідину; через певний час яйцеклітина відлучається від яєчника, потрапляє у фаллопієву трубу і доходить до матки, стінки якої вже приготувалися її прийняти. Якщо яйцеклітина не буде запліднена, матка викидає її через піхву разом з кров'ю, що зібралася у слизовій оболонці. Таке явище відбувається приблизно раз у місяць і називається менструацією. В наступному розділі побачимо, що стається, якщо яйцеклітина запліднюється.

Статевий акт

Статевий акт можна умовно поділити на чотири фази: „прелюдія", збудження, оргазм і закінчення.

„Прелюдія" — це підготовка до акту, яка охоплює всі ті ніжні слова і жести, що служать для виявлення спільного бажання. Почуття, яке з часом стає чимраз глибшим, і взаємне пізнання творять цю першу фазу відповідною потребам кожного, в міру того, як їхні відносини стають зрілішими.

Фаза *збудження* у чоловіка виявляється ерекцією статевого органа (напруженням і здатністю до входу в піхву), певним збільшенням статевих залоз та зміною кольору головки (із рожевого у червоно-фіолетовий).

У жінки починається змащування піхви, що походить від бартолієвих залоз, які знаходяться у складках вульви, а також набухання клітора і грудей.

І у чоловіка, і у жінки збудження статевих органів відбувається внаслідок припливу крові, через що вони розширюються, ущільнюються і набрякають. Цей приплив пов'язаний з нервовою системою, котрою керує мозок. Якщо збудження сильне, то статевий чоловічий член, рухаючи ним вперед-назад, легко можна ввести в піхву; на це піхва відповідає ритмічними скороченнями аж до настання оргазму, що супроводжується *випорскуванням* сперми у піхву.

Потім настає фаза *закінчення* з поступовим відпруженням не тільки статевих органів, але і двох осіб у їхній психофізичній цілості.

Статева гармонія

Опис механізму статевого акту міг би навести на думку про щось суворо визначене, що завжди відбувається за одними і тими ж правилами та здійснюється з певною легкістю.

Статева гармонія, натомість, вимагає пізнання, що не є однаковим для всіх пар, і потребує, майже у всіх випадках, справжнього терпіння. Отож, очікування одразу вдовольняючих зносин може бути джерелом розчарування чи образи, почуття неповноцінності чи провини. Треба наперед знати, що статева злука, як і почуттєва, щоб дійти до своєї повноти, потребує часу, терпеливості і старання.

Деякі особливі поради.

— Перші зносини є надзвичайно делікатними і можуть бути важкими як для жінки, так і для чоловіка. Повинні зникнути особисті перешкоди, як, наприклад, стриманість і страх; треба зрозуміти також вимоги іншого, його труднощі, сором'язливість, недосвідченість.
— Позбавлення дівицтва жінка переживає як розривання і втрату чогось, чому тільки любов дає сенс: лише певність, що він її любить, спонукає жінку пережити цю „втрату" як радісне осягнення власного призначення.

І в цьому плані чутливість чоловіка і жінки дуже відмінна. Він схильний до поспішності, має більш збудливу і „хижацьку" сексуальність; його збудження зосереджується у статевих органах; він скоріше досягає оргазму; вона більш чутлива до „прелюдії", має різні ерогенні зони, що викликають статеве бажання (груди, клітор, внутрішні частини стегон, мочки вух), повільніше досягає оргазму, але відчуває його всім своїм єством.

— Статева діяльність також має свої ритми, і не всі періоди є однаково активними. Коли людина перебуває в стані стресу, мобілізується все її єство і таким чином нівелюється статеве почуття. А час одужання, вагітності, післяпологовий період вимагають терпеливості, пошани, далекоглядності, а також турботи та ніжності.
— Щодо частоти зносин, положення тіла і техніки партнери з часом мають відкрити те, що найбільше їм підходить. Деколи ставлять питання: „Три злуки на тиждень — це нормально?" або „Чи добре таке положення?"

Основним критерієм для подружжя є повага потреб обох або потреб одного, які враховували б потреби іншого. Окрім деяких труднощів, що розв'язуються за допомогою компетентних осіб (священика, лікаря, психолога), не треба вишукувати проблем там, де їх нема. Одна пара скаржилася: „Ми якісь ненормальні, маємо подружні зносини раз у три тижні". На запитання: „Кому з вас погано?" — відповідь: „Нікому, справді нікому". Отож, в чому проблема?

Особисті труднощі

Але проблеми можуть існувати. І такі серйозні та важкі, що можуть уневажнювати шлюб. Почнімо від нездатності до статевого акту. Скажемо тільки дещо, бо повна розмова на цю тему виходить за межі даної книжки.

Стосовно чоловіка, то крім нездатності до випорскування сперми, про що буде мова в наступному розділі, існують ще брак інтересу і збудження, нездатність до ерекції й неможливість оргазму.

Кожна з цих форм статевого безсилля чинить неповним, якщо не неможливим, статевий акт і може залежати від фізіологічних або психічних причин. В першому випадку порадити може лікар, у другому — психолог чи психотерапевт. Важливо не драматизувати, але вчасно подбати про розв'язок проблеми. В наш час є для цього багато засобів, набагато більше, ніж колись.

Чоловік, що сумнівається у своїй статевій здатності, має моральний обов'язок повідомити про це свою партнерку і лікуватися ще перед шлюбом, бо потім тривога і настирливе зосередження на своїх проблемах, а також розчарування жінки та можливе втручання родин збільшать нездатність до подружніх зносин.

Стосовно жінки, то її статеве безсилля, крім вад піхви (які можна, хоч і не завжди, виправити хірургічним втручанням), може виявлятися відмовою від зносин (небажання, страх), вагінізмом (надмірною чутливістю вагіни і піхви, що сильно скорочуються, не дозволяючи входження чоловічого члена) і болючими зносинами (без скорочення).

Ці явища, що майже завжди мають психічне походження, в наш час досить легко виліковуються. Але якщо лікування не допомагає, тоді вони стають причиною недійсності шлюбу, оскільки унеможливлюють статеві стосунки.

Трудністю, відмінною від попередніх (бо не уневажнює шлюбу), є *жіноча холодність (фригідність)*, одна з найчастіших причин упадку стількох подружніх пар. Незважаючи на наявність передумов та доброго збудження під час прелюдії, фригідна жінка не може досягнути оргазму. Звідси походить почуття глибокого невдоволення, гіркота, бажання, щоб чоловік більше допомагав їй...

Чоловік, натомість, дуже часто не зважає на це (це випадок окремого егоїзму), або вдає, що не страждає, але в дійсності „неучасть" жінки принижує його і викликає почуття нездатності.

Які ж причини фригідності? Дуже часто вони залежать саме від чоловіка. Недосвідченість, егоїзм або патологія, як, наприклад, передчасна еякуляція (але і це можна вилікувати) не дають змоги чоловікові довести жінку до оргазму.

В інших випадках фригідність пов'язується зі страхом завагітніти або з особистими переживаннями жінки, котру, можливо, надто суворо виховували або у котрої були надто складні стосунки з мамою, батьком, братом; статева холодність може бути також наслідком перенесених травм чи звички до онанізму.

У будь-якому разі не треба недооцінювати цих проблем. Передусім жінка не повинна вдавати, що бере участь, якщо насправді не бере; вона мусить поговорити про це зі своїм чоловіком, намагаючись якось змінити його поведінку під час прелюдії й самого акту, підказуючи, що, на її думку, може допомогти.

Не завжди можна легко віднайти причини проблеми. Часто потрібна допомога лікаря або психолога, до котрих треба звернутися після певного періоду подружніх стосунків (хоч шість місяців після перших зносин). Але існує не тільки піхвовий оргазм. Спеціалісти вважають, що „добрим" є також кліторний оргазм. Зрештою, сьогодні вже науково доведено, що нашими головними статевими органами є не піхва, клітор чи чоловічий член, а мозкові клітини, що залучають до оргазму всі відчуття тіла і духа.

Неможливо володіти іншим, якщо не звільнитися від себе самого, щоб інший наповнив нас. Перетворити іншого на просте знаряддя насолоди — це нищити його як особистість. Повний вияв подружньої любові має бути наслідком згоди двох, який виключає всяку однобічність.

Статеві аномалії та збочення

У деяких людей існують психостатеві аномалії, які іноді є справжніми збоченнями. У більшості випадків вони мають глибокі корені (не виключаючи і генетичних) і дуже важко їх виправити.

Ось найголовніші:

гомосексуалізм чоловічий і жіночий: схильність відмовлятися від гетеростатевих зносин, а вступати у статеві стосунки з особами своєї

й значної сили волі. Якщо бракує одного чи другого, подружнє життя нещасливо закінчується.

Ревнощі

Окремої уваги заслуговують ревнощі — вада одного, що нищить іншого. Згадуємо про них саме тут, бо дуже часто вони стосуються статевого життя. Не забуваймо також, що ревнощі охоплюють цілу особистість партнера.

„Моя жінка ревнує навіть до тіней: я вже більше не можу. В усьому, що роблю, вона бачить невірність, навіть у звичайнісіньких речах, як, наприклад, погляд на дівчину, що проходить повз нас. Вона, напевно, страждає, і я — на дні пекла" (Петро, 2 роки подружжя).

Ревнивий чоловік часто засипає жінку питаннями: „Де ти була? Кого бачила? З ким говорила? Чому ти не сказала, що зустріла його..?"

Ревнощі треба лікувати. Ревнива людина хвора, хвора на непевність. Що означає бути ревнивим? Це боятися, щоб партнер не знайшов у іншому те, чого даремно шукає в мені.

Але коли є справжня любов, тоді немає місця для ревнощів, тому що той, кого люблять, почувається побільшеним у своїй вартості й не боїться бути меншевартісним в очах партнера. Тому правдою є парадокс: „Моя жінка стає чимраз гарнішою, тому що я чимраз більше люблю її".

Біда в тому, що ревнощі часто виникають з тої причини, що інший не любить вповні, або любить, але не може дати певності, або якщо партнери самі створюють садо-мазохістичні ситуації („Спричинюю тобі страждання" — „А ти спричинюй страждання мені") і тоді все ускладнюється.

Але навіть глибоке почуття меншевартості, що закорінене в минулому, яке майже чи повністю знищило особисту самоповагу, може бути виправлене люблячим ставленням партнера. І тому підкреслюємо, що ревнивий не є одиноким відповідальним за свою хворобу.

Невірність

Ще більш складною є тема невірності. Не цілком доречним видається нам говорити про це в даному розділі, бо добре знаємо, що можна бути невірним навіть не вчинивши перелюбу. Ісус каже: „Ви чули, що було сказано «Не чини перелюбу». А я кажу вам, що кожний, хто дивиться на жінку з пожаданням, той вже вчинив перелюб з нею у своїм серці“ *(Мт. 5, 27-28)*.

Але правдою є й те, що невірність серця рідко залишається такою, і раніше чи пізніше, якщо не відступаємо назад, вона звершується.

Невірність завжди є переломом, чимось, що ломиться й залишає осколки, хоч може здаватися, що все минуло.

Не говорячи вже про ті подружжя, в яких партнери дозволяють одне одному „свободу“: це випадки „вільної любові“, тобто інстинктивного вибуху пристрасті, а не кохання. Чоловіка і дружину, що не відчувають потреби вірності, не можна вважати подружжям. Говоримо про родини, в яких невірність не походить з обдуманої волі. Отож, вона може походити:

— від недостатньої підготовки одного або й обох партнерів. Це у випадку завчасного подружжя, вибору, не основаного на жертовних постановах, у випадку браку ідеалу, слабих особистостей, що легко підпадають під вплив інших (тещі, матері, батька...), або нестійких, які завжди в пошуках нових вражень, аргументуючи це тим, що той самий борщ не завжди смакує;
— від дійсних труднощів у стосунках з партнером, з яких не шукають виходу, з нездатності, лінивства чи песимізму, або тому, що інший байдужий до будь-яких ініціатив. Але основою кожного перелюбу завжди є невідповідне ставлення. Розумове застереження на зразок: „Не виключаю, що може прийти день, коли якась нова особа затінить особу мого партнера“, — руйнує в корені присягу вірності.

І перш ніж брати зобов'язанням стосовно партнера, необхідно зобов'язатися стосовно себе самого: панувати над своїм егоїзмом і не зраджувати своєї совісті. Це і є суттю присяги вірності.

Деякі зауваження.

— Невірність не дозволена жодному з партнерів, навіть чоловікові (у деяких середовищах давньої культури чоловіки вважали її нормальною для себе, і жінки фатально приймали таке становище).
— Немає жодної підстави настільки важливої, яка б могла дозволити невірність. Коли люблять, мають силу простити багато вад, шукають тільки нагоди і правду каже жарт: „Жінці, яку люблять, прощають навіть роги; а тій, яку не люблять, не прощають навіть добрий, але трішки пересолений борщ“.
— Багато труднощів можна подолати щирою волею, за допомогою лікаря, психолога чи навіть, додаємо, з поміччю Бога; Бог є

нашим Батьком і Він не може покинути нас, хіба що ми самі викреслили Його з нашого життя.

— Зрештою, навіть спокуси проти вірності, котрі можуть трапитися нам усім, можна перемогти силою, що приходить до нас від нашої любові і від таїнства. Молитва і SOS, одразу висланий до партнера, іноді творять чуда.

А потерпіла сторона? Деколи потерпілий має силу перенести випробування з певною легкістю, якщо невірність була тимчасова і партнер справді покаявся. Тоді великодушне, повне і остаточне прощення справді ставить усе на свої місця, і все починається як і раніше.

Але якщо невірність означає: „Я замінив тебе іншою", — то немає сумніву, що подружжя розбивається. Мало допомагає й те, що зраджений партнер настільки великодушний, що прощає й навіть приймає таке принизливе і нищівне, як мало інших, становище. У таких випадках майже завжди доходить до розлучення.

Кінець любові

Від одного любителя парадоксів ми почули таку оригінальну пропозицію: „Розвід, — казав він, — був би дуже цікавою подією, якби остаточне рішення влади, замість бути безбарвним і прозаїчним актом, супроводжувалось відповідним обрядом. Багато запрошених... віддаються перстені; ті, що розводяться, — в жалобному одязі..."

Проте, залишаючи іронію, розлучення — це ніщо інше, як смерть подружжя, з болючими наслідками для життя розведених.

Партнер, що є причиною розлучення, навіть якщо відчуває хвилеве полегшення, внутрішньо почувається самотнім. Можна любити багато разів; але хто (чи що) дасть гарантію, що не буде нових розчарувань? Партнер, який страждає через розлучення, залишається гірко розчарованим і невпевненим у майбутньому.

Нареченим скажемо, що розлучення є абсолютно виключене з християнського поняття подружжя. У випадках недійсності шлюбу завжди можливе визнання цієї недійсності. У тяжких випадках, які не чинять шлюб неважним, залишається тільки законне розлучення, яке розділяє одружених, але не анулює їхього шлюбу, згідно слів Христа: „Що, отже, Бог получив, людина хай не розлучає" *(Мт. 19, 6)*.

Самотність та інші труднощі розлучених є предметом материнської турботи Церкви. Вона допомагає їм, підтримує і приймає, гордиться їхньою християнською вірністю, якщо вони не одружилися другий раз. Такі ситуації також є частиною життєвих страждань і знаходять заспокоєння у вірі. Нерідко трапляється, що самотня людина, переживши розлучення чи смерть партнера, несподівано відкриває у собі велику відданість і наснагу.

Для роздумів

— Чи переконані ви, що статеве життя є важливим для одружених? Чи вважаєте, що воно — другорядний чинник?
— Які наслідки, на вашу думку, має для подружжя розлад у сексуальному житті?
— Чи думаєте, що у вас є достатні знання про статеві органи та їх функції? Чи вважаєте, що це важливо?
— Як ви розумієте вираз „статева гармонія“?
— Якби ви мали якісь сумніви щодо своєї повної статевої здатності, чи відважились би поговорити про це з іншим? Чи воліли б мовчати, намагаючись розв'язати проблему самі, або з лікарем чи психологом?
— Що ви думаєте про статеві збочення і вади? Вважаєте їх хворобами чи думаєте, що в них можна звинувачувати волю особи? Чи вважаєте їх такими, які можна побороти?
— Чи ви ревниві? Як ви відрізняєте „нормальні“ ревнощі від патологічних? Як, на вашу думку, особисте зусилля може допомогти подолати ревнощі? Як би ви поводилися з вашим надмірно ревнивим партнером?
— Які, на вашу думку, найчастіші причини невірності?
— Чи думаєте, що чоловік може більше ніж жінка дозволяти собі невірність?
— Як би ви зреагували на випадкову і тимчасову невірність вашого партнера? А як на постійну?
— Що думаєте про розвід? Про заяву стосовно недійсності шлюбу? Про законне розлучення?

Молитва

Господи, Ти створив чоловіка і жінку на Твою подобу і хотів, щоб вони жили в любові, щоб були „двоє в одному тілі“. Дай нам реалізувати статевий вимір нашого життя у всій його повноті за Твоїм мудрим планом. Бо Ти є Бог чоловіколюбець, і Тобі подяку та славу віддаємо нині й повсякчас.
Амінь.

ДАЮТЬ ЖИТТЯ 7.

Плідність

Бог, якби хотів, то міг би сам творити всіх людей. Але Він захотів послуговуватися чоловіком і жінкою для продовження людського роду. Він створив дві статі: „Будьте плідні й множтеся і наповняйте землю“ *(Бут. 1, 28)*.

Людина прийняла запрошення Бога і стала плідною.

Очевидно, плідність подружньої пари не треба розуміти тільки в буквальному значенні: існує також плідність, незалежна від статевих стосунків, тобто та, про яку свідчать люди, що вибирають Бога як одиноку любов свого життя або великий людський ідеал і повністю Йому присвячуються. Вони вибирають таку плідність, що перевищує тіло і стає духовним, моральним і релігійним материнством і батьківством.

Плідними є і подружжя, які відкриваються для родин, з котрих походять, для суспільства, Церкви, для цілого світу.

Але з подружнім життям пов'язане особливе поняття „плідності тіла“, про котру говорить книга Буття і котру одружені здійснюють тільки тоді, коли приводять на світ дитину.

На початках життя

Життя починається авантюрою одного сперматозоїда, який у матковій трубі зустрічає жіночу яйцеклітину і запліднює її. Ця подія таємнича, і наука ще не пояснила на чому ґрунтується цей вибір. Чому той сперматозоїд, а не інший? Адже сперматозоїдів безліч, а яйцеклітина — одна.

Але про все по порядку. Продовжимо розмову, розпочату в попередньому розділі. Сперматозоїд і яйцеклітина, чоловіча і жіноча клітини, здатні передавати життя, звуться „гаметами“. Сперматозоїд, дуже малий, має головку (у якій є ядро) і хвіст, за допомогою якого він може швидко рухатись. Яйцеклітина набагато більша (майже 1/5 мм), має форму малої кулі, не робить активних рухів, а після овуляції потрапляє у трубу. Там вона зустрічається із сперматозоїдами, що оточують її, ніби для колективної атаки; але тільки один з них входить у яйцеклітину через зовнішню плівку і швидко прямує до ядра.

Тоді відбувається запліднення, тобто злиття материнського генетичного матеріалу з батьківським. Із 46 хромосом сперматозоїда тільки 23 з'єднуються з 23 (із 46) хромосомами яйцеклітини, творячи новий індивід. Інші 23 і 23 хромосоми зникають.

Цей малий зародок (ембріон, зигота) є насправді потенційною людиною, тому що віднайшов свої 46 хромосом, які є характеристикою людського роду. Він — це єство зі своїм буттям: ні тато, ні мама, а він — носій генетичних характеристик, які одержав від них обох.

Протягом трьох або чотирьох днів зародок живе своїм життям, так би мовити, автономним, а плівки, якими він оточений, стимулюють „жовте тіло", тобто масу жовтуватої тканини, що утворюється в яєчнику після виходу яйцеклітини, завдання якого — допомогти зародкові в подорожі до матки та посилити слизову оболонку матки, щоб зародок закріпився.

Коли запліднена яйцеклітина доходить до свого місця, з її плівок простягаються до стінки матки певного роду волоски, що поволі проникають у слизову оболонку матки і творять плаценту. Плацента має кровоносні судини, які контактують з кров'ю матері, звідки черпають кисень і поживні речовини, щоб через пуповину передавати їх зародкові.

Новому єству мати дає тільки „землю". Це він посилає біохімічні сигнали, що викликають в тілі матері творення складників, яких він потребує для свого живлення. Це він уже має в собі всі можливості розвитку і навіть визначену годину народження. Мати — це тільки люблячe тепле гніздо, яке ні в чому не змінює якості дитини, доля якої вже визначена і перевищує відтепер маму і тата.

Після третього місяця зародок, занурений у рідину і замкнений в амніотичній порожнині, розвивається до повної зрілості внутрішніх і зовнішніх органів. Він уже живе своїм життям: рухається, смокче великий палець, позіхає, прислухається до биття свого серця й пульсу матері та навіть до зовнішніх звуків, усміхається, робить гримаси, спить, отримує від матері позитивні або негативні збудження, відповідно до того, чи вона знесилена і сумна, чи радісна і спокійна.

Наприкінці дев'ятого місяця плід готовий до великої події — народження. Він і далі сам про себе піклується: виробляє прогестерон, що викликає болі при народженні і скорочення матки. Розривається охоронна оболонка, матка відкривається, піхва розширюється і, як правило, через кілька годин дитинка, обмита і сповита, лежить у своїй колисці.

„А вродить дитятко — з радощів, що людина на світ народилася, вже й пам'яті про болі нема" *(Йо. 16, 21).*

Близнята

Але буває, що дітей народжується двоє або й більше. Що сталося? Могло трапитись дві речі (говоримо про вагітність близнятами):

— або в яєчнику дозріло дві яйцеклітини й обидві були запліднені двома різними сперматозоїдами;
— або в яєчнику дозріла тільки одна яйцеклітина і після запліднення вона поділилася, даючи початок двом зародкам.

У першому випадку (мова йде про двояйцеву вагітність) — два зародки є незалежними один від одного і кожний має свою плаценту; їхні характерні риси обличчя будуть дуже відмінними. В другому випадку (однояйцева вагітність) — два зародки знаходяться в одній амніотичній порожнині і в одній плаценті; вони будуть дуже подібними, часто майже однаковими.

„Так" життю — відповідь на Божий задум

Навіть те, що ми коротко описали, дає можливість зрозуміти, що понад чисто фізіологічним фактом народження дитини є любов подружжя, що, вдовольняючи особисте прагнення взаємного дарування, стає також засобом життя і відповіддю на Божий задум.

І найдивовижнішим є те, що злука двох смертних створінь (стосовно тіла, зрозуміло) може дати життя створінню, яке має вічне призначення. І саме Бог хоче того створіння, але його існування залежить від „так" двох партнерів.

Справді, це найтаємничіша і невимовна зустріч Божої волі і волі людини. Ось чому передання життя вимагає від батьків щедрої і безкорисливої відданості цьому великому починові, в якому співпрацює і небо, і земля.

Їхня згода не може ґрунтуватися на егоїстичних чи дріб'язкових підставах. Вони приводять на світ дитину, тому що хочуть мати ляльку для забави, або малу і незахищену істоту, щоб віддати їй усю ніжність, або тому, що сподіваються мати допомогу на старості літ; або навіть тому, що пара переживає кризу, а дитина, напевно, зможе її врятувати; або тому, що я — чоловік чи я — жінка шукаємо чогось, що надолужило б наші обмеження і наш брак любові.

Дитина — велика „річ“, і в подружжі обидвоє мають хотіти її задля неї, тобто щоб вона була живим членом суспільства і Церкви. Інакше вже на початку створяться передумови неправильних стосунків, викривлених намірів і неоправданих ситуацій.

Дитина не повинна рятувати подружжя; це її треба охороняти і захищати. Вона не може зв'язувати двох, яким уже нічого сказати і дарувати одне одному. Її не можна приймати з умовою, що вона назавжди залишиться маленькою або що вона, коли виросте, справдить усі наші сподівання.

Щоб бути батьками, треба забути про себе і, наскільки це можливо, увійти у плани природи і Бога.

Батьківство і материнство

Народження дитини вносить значні переміни у життя батька і матері, в ціле подружжя, а насамперед — незаперечне збагачення.

Материнство дає можливість жінці виконувати її найвищу функцію. З появою першої менструації дівчина починає (з точки зору фізіології) усвідомлювати матку як частину свого тіла. З цього часу розвивається сприйняття себе як потенційної матері. Помалу йде приготування до цього завдання і на психічному та моральному рівнях. І чим гармонійнішим, врівноваженішим є її фізичний, емоційний, моральний і релігійний розвиток, тим певнішими є основи її майбутньої ролі матері.

Коли ж вона приведе на світ дитину, тоді вповні усвідомить себе у становищі жінки. Навіть одна феміністка, одна з тих, що змінили напрям своєї дороги, принаймні щодо материнства, пише: „Я привела на світ цю дитину з дивного бажання відчути ту частину мене, якою досі нехтувала... почуватись фізично тим, ким я мала бути“ (з місячника „*Еффе*“, 1977 р.).

Але таке усвідомлення, на нашу думку, вимагає, щоб жінка безпосередньо зробила крок вперед, тобто щоб перевищила себе саму у постійній жертовності, тому що умовою добрих стосунків матері та дитини є вчасне зречення свого бажання володіти.

А батько? Чоловік, що стає батьком, також набуває нового усвідомлення: єство, що має 50% його хромосом, вже живе у лоні його жінки і невдовзі прийде на світ та буде підтримане також і батьківською допомогою. Він разом з мамою дбає про новонародженого і передає йому цінності, що забезпечать його моральне здоров'я.

Але перш ніж це станеться, він має бути при матері своєї дитини, опікуватися нею і підтримувати, щоб вона могла стати спокійною та врівноваженою.

Виглядають дивними думки тих феміністок, що пропонують материнство, „незалежне від батька", котрого вважають лише знаряддям для народження. Батьківська та материнська ролі є абсолютно необхідними для народження, вони не можуть бути зведені до простого запліднення, а продовжуються у догляді та вихованні дитини.

З цієї хвилини для подружжя починається захоплююча „пригода втрьох", в якій помножуються емоційні зв'язки, даючи початок родинній структурі.

Любов двох партнерів набуває майже нової природи, тому що вони вже люблятися не тільки як чоловік і жінка, а як батько і мати. Разом працюють, жертвують собою, страждають. І в радості, і в горі їх єднає дитина. Змінюється також і суспільне становище двох партнерів: вони вже не є жінкою того... або чоловіком тієї.., але також мамою того... і батьком тієї...

Їхня любов, що дала людям і Богові нове життя, стала сильнішою та оновленою і в суспільних відносинах. Вони стали терпеливішими, більш схильними до милосердя і співчуття, цілеспрямованішими в пошуку того, що насправді має цінність.

Але коли стаємо батьками, з'являються також труднощі. Тому краще про них знати, щоб серйозно приготуватися і відповідально зустріти майбутні обов'язки.

Вагітність

Жінка, як правило, достатньо страждає під час вагітності. У перші місяці — головні болі, нудота і блювота; в останні — відчуття задухи або порушення кров'яного тиску. До цих розладів, що вважаються нормальними, можуть долучитися психічні труднощі, більшою чи меншою мірою тяжкі. Це тривога, страх і навіть повне небажання дитини. Ці розлади можуть мати різноманітні причини:

— економічні труднощі;
— надмірна праця й занепокоєння;
— погані стосунки з кимось із родини;
— небажання дитини з боку батька;
— передпологовий страх (не приїхати вчасно до лікарні, не знайти

лікаря, акушерки, втратити контроль над собою, померти від кровотечі...);
- — побоювання, що у дитини будуть якісь вади;
- — припущення, що вона вже не подобається чоловікові (під час вагітності чи після пологів);
- — невпевненість у своїх виховних можливостях.

Як бачимо, багато хвилювань походить із особистих труднощів. Це і тривога, і непевність, і погані стосунки з кимось із родини. Але їх розв'язання великою мірою залежить від чоловіка: чим більше він дасть відчути жінці свою любов, свою пошану і участь у її житті, тим легше розв'яжуться ці труднощі.

Послухаймо Христину (23 роки, секретарка, п'ятий місяць першої вагітності): „Іван дуже мене розчаровує. Ми обоє хотіли дитини; але відколи я завагітніла, він став дуже холодним, відірваним, далеким. Я почуваюся такою самотньою з цією дитиною".

А ось що каже Марко: „Моя жінка вже на шостому місяці. Відколи завагітніла, ми читаємо книжки, щоб зрозуміти, як відбуваються ці „речі"; ми можемо прослідковувати розвиток нашого творіння. Ввечері, коли дивимося телевізор, я кладу руку на живіт моєї маленької мами, щоб чути, як рухається дитина".

Не треба й говорити, що ставлення майбутнього батька впливає також і на психофізичне життя плоду і, отож, на майбутній стан дитини.

Але деколи це справа не тільки доброї волі. Майбутні батьки є далекими й холодними через проблеми, яких не вирішили раніше. Отож, це була б добра нагода поглянути тим проблемам у вічі і розв'язати їх. Психічний стан жінки, що виявляє надто великі труднощі та патології, вимагає негайного й компетентного втручання.

Розцвіла квітка. Народилася дитина. Дитина — це надія. Дитина — це відповідальність. Дитина самовладно входить у життя чоловіка і жінки. Чекає, щоб признали, прийняли і любили безперервно і безмежно.

Пологи

Це дуже важлива мить: дитина стукає у двері, і починаються болі. Не треба втрачати спокою. Необхідно взяти валізку (вже готову) та йти до лікарні, де спеціально підготовані особи приймають жінку і, переважно, виганяють чоловіка. Кажуть, що це хвилини, коли його присутність заважає.

Ми переконані у протилежному, хоч розуміємо усі пов'язані з цим труднощі і бажаємо, щоб чимраз більше практикувався метод „співучасті в пологах" (пологів з участю батька дитини). Тобто, щоб це була подія, яку батько і мати переживають разом як подружжя і як окремі особи.

Відчуття болю для багатьох матерів стає травмою і часто нестерпною, навіть тому, що нині всі ми звикли вгамовувати біль ліками. Метод „співучасті в пологах", до яких приготовляються разом у лікарні чи спеціальних центрах, має на меті наступне:

— підготувати жінку до болю, якого неможливо уникнути, але можна зробити більш терпимим через свідоме і спокійне прийняття усієї події;
— щоб батько, краще розуміючи те, що відбувається, брав пряму участь у стражданнях своєї жінки та спокійно і радісно став батьком;
— щоб дитина була прийнята обома батьками в атмосфері трепетного очікування на чудо нового життя, на нову неповторну людину, що входить у світ та в історію.

Певне розгублення, з психологічної точки зору, викликають пологи із знеболенням, бо вони не дають матері усвідомлення народження дитини як нагороди за її страждання.

Післяпологовий період

Період після пологів не завжди легкий. Чоловік залишається сам удома або йде до своєї матері, а теща дбає про дочку, бо породілля насправді дуже потребує материнського догляду, переживаючи певного роду „поворот до дитинства", і саме догляд матері може допомогти їй перебороти ту „почуттєву порожнечу", через яку вона часто страждає.

Після дев'яти місяців такого близького співжиття відлучення від дитини може означати певну втрату і викликати болючий брак почуттів до дитини, з чого походить розчарування, почуття вини, острах зробити щось не так, як треба.

І чоловік найбільше допоможе їй, якщо:

— не потрапить у кризу, ревнуючи до її матері;

— буде ставитися з довір'ям і розумінням (що означало б: „Я допоможу тобі, ось побачиш...", а не „Покличемо твою маму...").

Годування дитини

Щасливі ті жінки, що можуть хоч деякий час природно годувати свою дитину. Вони легше сприймають те повільне і поступове утвердження материнського почуття, що почалося тісним зв'язком матері й дитини під час вагітності.

Однак сьогодні цю щасливу можливість не дуже цінують. З надто великою легкістю лікарі і породіллі погоджуються на штучне годування. Але набагато краще, якщо немає протипоказань, щоб годування було материнським, особливо у перші місяці. Мова йде про біологічну функцію материнства, природне доповнення вагітності.

Рішення жінки годувати своїм молоком, попри естетичні міркування чи перспективи більшої свободи, може значною мірою підтримати чоловік своїм заспокійливим й уважним ставленням.

Якщо ж є поважні причини, які не дозволяють годувати дитину груддю, тоді треба спокійно вдатися до штучного годування, яке, завдяки досягненням сучасної дієтології, є добрим замінником природного.

Дитина входить у життя подружжя

Деколи батьки переживають прихід дитини немовби якийсь землетрус. Звичайно, треба дещо змінити стиль життя, часто докладаючи немалих зусиль і не без суперечок.

Наприклад:

— постає велика проблема стосовно праці жінки: покидати чи ні? Якщо покидати, то назавжди чи тимчасово? Якщо виходити на роботу, то що буде з дитиною (дитячі ясла, батьки мами, батьки тата, нянька чи служниця)?
— стосовно роботи чоловіка: більше працювати, щоб більше заробляти чи допомагати дружині вдома?
— розваги, прогулянки, відвідини, захоплення... треба вирішити: продовжувати чи покидати? Дитину брати з собою чи залишати? З ким?
— можуть виникнути труднощі й у сфері почуттів та статевих відносин. Вже немає часу на довготривале перебування удвох, перевтома, проблема подальшого планування сім'ї... Іноді батько почувається

відірваним від стосунків „мати-дитина“, а мати цілком занурюється в дитину, щоб тримати чоловіка на відстані чи тому, що стала більше матір'ю як жінкою, чи тому, що боїться другої вагітності...

Але не треба боятися цих та інших труднощів. Якщо сім'я міцно збудована, подруги вже звикли до постійної самоперевірки, живленої любов'ю і благодаттю, і можуть пояснювати, змінювати, вирішувати. Для них дитина — це не перешкода, а навпаки. Вона стає джерелом ніжності, чарівності і нового пориву до життя.

І подружжя, які переживають труднощі з народженням дитини, можуть „піднестися на належну висоту“. Але не слід забувати правило: проблеми треба розв'язувати завчасно, щоб не нашкодити дитині, не завдати їй травми, деколи непоправної.

Відповідальне батьківство-материнство

Саме тому, що акт народження вимагає подружньої гармонії як вихідної точки спільних зобов'язань і відповідальності, треба, щоб обоє були глибоко свідомі своїх сил і своїх обмежень. У наш час багато говориться про відповідальне батьківство-материнство. Що це означає?

Відповідаємо словами II Ватиканського Собору: „Нехай знають подруги, що в своєму призначенні — передавати і виховувати людське життя, яке треба вважати їх окремою місією, — вони є співпрацівниками любові Бога Творця та неначе її викладачами. Тому з людською і християнською відповідальністю старатимуться виконувати своє завдання та, в послушній пошані до Бога, спільним порозумінням і змаганням витворять собі слушний суд, зваживши і на своє власне благо, і на благо дітей, чи то вже народжених чи сподіваних, розрізняючи і матеріальні, і духовні обставини часів і свого життєвого положення та, вкінці — маючи на увазі благо сімейної спільноти, земної суспільності і самої таки Церкви. Остаточно цей суд вони повинні винести самі і перед Богом... Таким чином християнські подруги з довір'ям до Божого Провидіння і в дусі жертовності прославляють Творця та змагаються за досконалість у Христі, коли виконують своє призвання народжування з шляхетною людською і християнською відповідальністю“ *(Радість і Надія, 50)*.

Фізичну плідність, отож, не треба вважати фізіологічною фатальністю, а спільним свідомим вибором, що ґрунтується не тільки на дійсності, а й на щедрості. Необхідно запитати себе: „Чи правильне моє рішення? Чи можу я народжувати дитину? Чи розсудливо це?" А не: „Чи узгоджується народження дитини з нашим настроєм, з деякими нашими особистими переконаннями? Чи узгоджується зі світоглядом більшості і теперішньою модою? Чи відповідає надто тривожним проблемам перенаселення світу?"

Часто аргументи одружених проти плідності виглядають „шляхетними", але такими не є:

— Дітям треба дати все необхідне (але що, власне, є необхідним?).
— Світ уже переповнений людьми (стосунки між народами напружені; енергетичні запаси, які використовуються чи які ще можна відкрити, не запевняють майбутнього).
— Сьогоднішнє суспільство викликає огиду. Не хочу приводити на світ ще одного нещасного.

В дійсності багато цих та інших аргументів вказують на явну згоду з гедоністичною чи матеріалістичною мораллю нашого часу, або на особисті психічні труднощі, наприклад, тривогу або страх, непевність перед відповідальністю.

Численні пари живуть досконалим егоїзмом, в якому пошук за насолодою виключає плідність або обмежується однією дитиною, якій вони можуть придбати все „необхідне", котре відповідає, очевидно, їхньому розумінню необхідного.

Але існують також реальні підстави, щоб відмовлятися (рідко) чи відкладати (дуже часто) народження дитини. Такими є:

— важкий стан здоров'я чоловіка чи дружини;
— ймовірність спадкових аномалій у дитини;
— тяжка економічна ситуація;
— незрілість пари або одного з партнерів, яка вимагає часу для зміцнення відносин;
— наявність дітей, що вже відповідає фізичним, моральним та економічним можливостям одружених;
— потреба віддалити нову вагітність, з тої причини, що в сім'ї вже є маленька дитина.

Очевидно, що оцінюючи ці причини треба бути „реалістами", тобто бачити існуючі труднощі в їхній реальній значущості. Бо є пари, що мають, наприклад, дуже дивне й особисте поняття про „економічні труднощі", тому що до них зараховують виплату грошей за віллу над морем, престижне авто, вишуканий одяг...

Отож, почуттєві „потрясіння“, які переживають майже всі батьки, коли народжується дитина, напевно, не входять у „тяжкі психічні умови“. І навіть якісь легкі хвороби не можуть бути „великими труднощами“. Деколи ми зупиняємось надто далеко від того, що могли б осягнути. І справді сумним є факт, що часто межа остаточно залишається там, де ми її встановили, і тоді ми стаємо нездатними її подолати.

Які засоби потрібно використовувати, щоб регулювати народжуваність?

Існують численні засоби, які поділяються на:

— механічні (презерватив; ковпачки, спіраль);
— хімічні (таблетки);
— хірургічні (стерилізація).

Крім того, практикується такий найдавніший і найбільш вживаний засіб як „перерваний статевий акт“. Він полягає на тому, що чоловік відлучається від тіла жінки перед випорскуванням сперми. Фахівці вважають, що це ненадійний засіб запобігання вагітності, який до того ж шкідливо впливає на фізичне і психічне здоров'я подружньої пари.

Серед хімічних засобів певний час широко використовувалися таблетки, що стримують дозрівання яйцеклітини. Систематичне прийняття даних препаратів стимулює псевдоменструальні кровотечі, через що жінка переконується у нешкідливості цього методу. Насправді ж зміни слизової оболонки матки, що передують такій кровотечі, є цілком відмінними від змін, що передують справжній менструації. Ще не досліджено, як порушення менструального циклу, викликане хімічними засобами, впливає на здоров'я жінки. Отож, розсудливість не завадить.

Церква, виходячи з цілісного уявлення про людину та її покликання, навчає, що дозволеними є тільки природні методи, бо вони шанують нерозривний взаємозв'язок двох значень подружньої статевої злуки: єднання і народження.

Дотримуючись цих методів, чоловік і жінка стають виконавцями Божого плану та використовують сексуальність як дар, без маніпуляцій і спотворень.

Природними методами регулювання народжуваності вважаються:

— метод Огіно-Кнавс, що ґрунтується на принципі передбачення плідного періоду жінки, який збігається з овуляцією (вихід зрілої яйцеклітини з яєчника). Вважаючи, що овуляція відбувається приблизно за п'ятнадцять днів до очікуваної менструації і зважаючи на життєздатність сперматозоїдів (від трьох до п'яти днів), можна визначити два неплідні періоди — один „перед", а другий „після" овуляції;
— метод „термічної дуги", що ґрунтується на дослідному факті, що температура жіночого тіла після овуляції піднімається на 0,2-0,3 градуса Цельсія, затримуючись на такому рівні протягом трьох днів. Отож, прослідковуючи це підвищення, можна визначити неплідний період, обмежений до днів циклу, що залишаються;
— метод „в'язкого слизу": цей метод також ґрунтується на дослідному факті, що полягає у збільшенні вмісту глюкози в слизовій секреції, яка виділяється з шийки матки незадовго до овуляції; виявивши збільшене слизовиділення, через кілька днів обережності можна визначити неплідний післяовуляційний період.

За точнішими поясненнями радимо звернутися до спеціальної літератури та до лікарів. Звертаємо також увагу, що лікар повинен бути компетентним і чутливим до моральних засад, пов'язаних з вибором природних методів.

Ми спробували зробити висновки із сучасних досліджень, щоб дати одруженим достатнє розуміння жіночого „циклу". Без сумніву, зроблено багато кроків вперед і у виборі відповідного проміжку часу між пологами, і у розв'язанні проблем неплідності чи патологічних змін циклічного ритму. Нам не здається пустослів'ям стверджувати, що майбутнє родинного планування залежить від вдосконалення природних методів. Запрошуємо віруючих визнати важливість пошуків в царині біології, а дослідників закликаємо до розважливості та відповідальності за результати своєї праці.

Цвіт життя розпускається тільки під променями сонця любові. Любов безкорислива і щедра, вона така, як Божа любов. Такої любові, щоб жити і рости, потребує кожна дитина, що приходить на цей світ.

Моральний шлях одружених

З усього дотепер сказаного добре видно, що вся проблема регулювання народжуваності дітей є також делікатною моральною проблемою. Здійснення відповідального батьківства і материнства навіть природними засобами має базуватися на засадах любові, а не на егоїзмі, щоб звільнитися від завдань подружнього життя.

Але у подружньому житті дуже часто бувають випадки особливої непевності. Ось деякі з них.

— „Ми переконані, що вияв нашої любові завжди добрий; тому дуже неприємною видається нам кожна норма, що встановлює межі цьому вияву".
— „Ми не хочемо подорожувати з календариком у руках; не можна підпорядкувати любов наперед визначеному розкладові".
— „Церква надто вимоглива у цій сфері: вимагає від подружжя неможливого".
— „Ми не можемо застосовувати природні засоби, тому що в моєї жінки нерегулярні цикли".
— „У мене двічі були дуже тяжкі пологи, і я не можу більше дозволити собі такий ризик: лікарі мені чітко про це сказали".
— „Ми покладаємося тільки на свою совість: ніхто, навіть Церква, не може замінити її".

Відповімо на усі ці закиди, опираючись на деякі принципи.

— Подолання суперечностей між нормою й особистим ставленням великою мірою залежить від морального гарту одружених, що витворився з переконань і звичок.
— Оцінки, що походять від совісті, не будучи ні абсолютними, ні незмінними, за своєю природою є такими, що підлягають поправкам і навіть докорінним перемінам згідно з духовним розвитком подружжя і зміною ситуацій.
— Без сумніву, особисте сумління є серйозним, коли звільняється від обов'язків; але не менш серйозно належить виконувати об'єктивні обов'язки, що походять від постійного, незмінного закону, який стоїть на охороні людської долі спасіння.
— Церква навіть у сфері подружньої моралі діє як Учителька і Мати. З одного боку, не перестає проголошувати моральну норму, яку, зрештою, вона не встановлювала, то й не має над нею влади, а тільки пояснює її. З іншого боку, вона не покидає численні сім'ї у труднощах і заохочує їх до вірності й терпеливості, до покори і

витримки, довір'я до Бога і Його благодаті, до молитви, Покаяння, Євхаристії.

— Стосовно періодичної стриманості треба пам'ятати, що вона абсолютно не зменшує подружньої єдності, а посилює волю, привчає до чистоти і самоконтролю, необхідних для протиставлення спокусі невірності.

— Саме життя вимагає стриманості через роботу, хвороби, пологи чи післяпологовий період. Періодична стриманість не є недосяжною, можливою тільки для надзвичайно вольових або глибокорелігійних осіб. Всі одружені покликані до подружньої святості, тобто до зростання, що може бути поступовим, але через це не менш зобов'язуючим.

По суті, коли кажемо: „Хай спокійно вирішує совість", — це означає, що ми вдаємося не до зручного алібі, а до чогось, що мучить, бо у совісті наша найбільша подібність до Творця. Отож, „спокійна совість" — це совість, що шукає, що знає, яке велике Боже милосердя, але й зобов'язується точно пізнати те, що краще для людини.

Аборт

Це велика тема багатьох дискусій і суперечок. У цій книзі ми скажемо тільки те, що може послужити нареченим.

Розпочнемо зі спонтанного аборту, спричиненого генетичними вадами ембріона, інфекціями, неправильною формою матки або навіть емоційними „стресами". У таких випадках матка відкривається, викликаючи кровотечу, внаслідок цього зародок виходить.

Але сьогодні йде дискусія про добровільний аборт, який дозволений в багатьох державах світу. Не перелічуватимемо тут причин, через які державні закони дозволяють переривати вагітність, що може надто вільно та нечесно використовуватись лікарями і психологами.

Скажемо тільки, що тут ми перебуваємо на межі держави і релігії, що спонукає пробудити наші щирі думки, вияснюючи, чим є передавання життя: невіддільною частиною загальної моралі і віри чи питанням, підпорядкованим людській вигоді (окремій особі чи спільноті).

Християнська мораль щодо цього чітка: вона не дозволяє штучний аборт, навіть з терапевтичною ціллю. Дозвіл на аборт як спосіб невідкладного рятування матері ґрунтується на принципі: рятувати те життя, яке ще можна врятувати.

Цей принцип справедливий. Він захищає, залежно від обставин, матір або дитину. Зловживання абортами, яке спостерігаємо сьогодні, на жаль, звело їх до одного із контрацептивних засобів.

Існують різноманітні засоби для аборту: від „домашніх“ (токсичні, корозійні речовини, чи... спиця для плетива) до медичних, які перешкоджають поділу клітин ембріона чи викликають скорочення матки, і врешті до хірургічних методів (безпосередня операція на слизовій оболонці матки).

Окрім морального аспекту, надто очевидного, який розглядає зародок не як „згусток крові“, а як людську істоту вже з першої хвилини запліднення; окрім фізичного аспекту — шкоди, яку може принести материнському організмові аборт (не тільки в домашніх умовах), необхідно наголосити, що аборт провокує тяжкі зміни в емоційній та психічній сферах жінки (і чоловіка), розлад у подружніх стосунках, особливо, якщо чоловік спонукав жінку до переривання вагітності або якщо жінка вчинила аборт проти волі чоловіка.

Патології вагітності і зародка

Якщо правда, що наука і техніка дають у розпорядження жінки чимраз досконаліші засоби для переривання вагітності, то треба сказати, що немало робиться і для життя. Сьогодні можна вчасно виявити багато патологій зародка і протікання вагітності. Вони не є шкідливі, на противагу радіографії, але треба застосовувати їх помірковано і компетентно. Ось деякі з них:

— ехографія: зародок можна побачити за допомогою ультразвуку; можна зробити вчасну діагностику вад нервової системи, патології нирок та сечовидільних органів;

— амніоскопія: можна побачити амніотичну рідину, щоб виявити ймовірність випадкових захворювань плоду і викликати пологи раніше природного часу;

— амніоцентез: взяття проб амніотичної рідини, щоб виявити генетичні захворювання, передусім монголоїдизм (вроджена хвороба, причиною якої є, переважно, старший вік батьків, особливо матері; її можна визначити аналізом хромосом, якщо їх 47, а не 46. При інших генетичних аномаліях кількість хромосом також більша або менша на 1.

Ці діагностичні внутріматкові засоби дають можливість застосовувати передпологову терапію: можна лікувати плід, переливати йому кров у матці... Отож, вони дуже важливі не тільки для врятування життя, але і для покращення біологічної ситуації людства. Тому необхідно сказати, що значно зменшилася смертність і захворювання, пов'язані з вагітністю і пологами.

Але в багатьох випадках рання діагностика не дає, на жаль, нічого, окрім раннього усвідомлення більших чи менших патологій, котрі неможливо вилікувати. Щоби не робилося, а проблема „відмінних" індивідів, тобто в той чи інший спосіб „калік", дотепер не розв'язана.

Серед причин, що нині дозволяють аборт в багатьох країнах, є „встановлення аномалії плоду". Справді у страшному становищі опиняються батьки, які дізнаються про такий діагноз, маючи „законну" можливість не допустити народження їхньої дитини. Але вибір переривати вагітність, чи ні, залежить від їхнього поняття про життя. Якщо вони думають, що суспільству корисні тільки цілком здорові люди, то вдадуться до аборту; а якщо думають, що кожне життя є святим, тому що відповідає точному Божому провидінню і що кожний індивід, яким би він не був „відмінним", має своє місце в числі створених істот, тоді дозволять цьому плоду жити, приймати страждену плідність високої людської і християнської гідності.

Резус фактор *Rh*

Окремої уваги заслуговує фактор *Rh*. Це речовина, що може бути (або ні) в червоних тільцях нашої крові. Той, хто має резус-фактор, зветься „резус-позитивним", а той, хто його не має, — „резус-негативним".

Вже незаперечно доказано, що резус-негативний не може прийняти кров резус-позитивного. А якщо резус-негативна жінка завагітніє від резус-позитивного чоловіка і дитина буде також резус-позитивною, тоді в материнському тілі відбувається резус-конфлікт: її організм утворює антитіла, що намагаються знищити червоні тільця плоду, внаслідок чого плід може бути викинутий спонтанним абортом або народитися з тяжкою формою жовтяниці, яка спричинює смерть.

Для першої дитини резус не становить проблеми, тому що материнські антитіла ще надто слабкі, щоб знищити червоні тільця дитини; є небезпека для наступних дітей, якщо вони є резус-позитивними.

Сучасна наука, крім того, що приготовляє заміну крові зародка або новонародженої дитини в перші 24 години життя, винайшла профілактичну імунологічну терапію.

Отож, несумісність крові вже не становить проблеми, треба тільки, щоб батьки знали про це наперед.

А якщо дитина не приходить?

„Думаючи про тих людей, що позбуваються своєї дитини, я не можу не відчувати страху й огиди, — каже одна жінка, одружена вісім років, яка не може мати дітей. — Я хотіла б, щоб вони пережили те, що значить хотіти дитини і не мати її. Життя стає порожнім, нічого тебе не цікавить. Для кого працюєш? Для мене кожен місяць — це нове розчарування. Я ще не примирилася з такою долею“.

Є багато таких родин, які не можуть мати дітей (безпліддя жінки або чоловіка). Це може викликати великі проблеми у подружжі, особливо, якщо вони несподівано виявляються після шлюбу; несподіванка стає ще більш неприємною, якщо безплідний знав і приховав це.

У такому випадку маємо справу з великою провиною — нещирістю, яка може призвести до анулювання подружжя (якщо неплідність, скрита перед шлюбом, має постійний характер).

В усякому разі варто пам'ятати, що:

— дуже часто неплідність можна вилікувати (40% випадків), і тому треба робити це, особливо, коли вона стає проблемою для обох або хоч для одного з одружених;
— кожне подружжя обдароване також тілесною плідністю;
— засіб так званого *штучного запліднення* від чоловіка до жінки, що здається вагомою підтримкою, яку наука надає людям, викликає деяку розгубленість у тих, які бачать неправильний розділ між єднальним і породжувальним статевим актом; але можна стверджувати, що єдність двох актів, розділених тільки матеріально, походить із наміру дійти до дійсної плідності;
— зрештою, є можливість *усиновлення*. Це вирішує проблему неплідності і водночас включає покинутих чи самотніх дітей у родинну спільноту. Але всиновлення вимагає повної згоди у рішенні, ясної оцінки свого особистого ставлення і ставлення подружжя, передбачення майбутнього прийняття, не завжди легкого, з причин

здоров'я чи поведінки усиновленої дитини, прийняття її як автономної людини (дитину беремо не задля нас, а задля неї).

Для роздумів

— Які почуття викликає у вас народження нової людини? Чи переконані ви, що тут діє також рука Божа?
— Що, на вашу думку, легше: хотіти дитину „задля неї“ чи „задля себе“? Чи знаєте такі приклади?
— Чи переконані ви, що чоловік — жінка — подружжя повністю реалізують себе в материнстві й батьківстві?
— Як ви оцінюєте тих жінок, які накладають на всіх „тягар“ своєї вагітності? А чоловіків, які не можуть зрозуміти проблем своїх вагітних жінок?
— Чи знаєте ви жінок, які дуже бояться пологів? Чи подобається вам ідея пологів, в яких „жінка бере участь“ (пологи без знечулення)? А пологи „з участю“ чоловіка?
— Чи ви вже планували дітей? На підставі яких критеріїв? Скільки часу після шлюбу? З якою різницею в роках? Що скажете про подружжя, в якому одна дитина? А багато?
— Чи знаєте природні засоби планування сім'ї?
— Чи говорив вам хтось про свої психічні труднощі після аборту?
— Чи знаєте родини у яких є неповносправні діти? Що ви думаєте про випробування такого роду?
— Чи будете усиновлювати дитину у випадку неплідності? Чи схильні ви усиновлювати дітей, хоч уже маєте своїх? Чи думаєте, що один з двох у подружжі може згодитись на усиновлення дитини, тільки щоб вдовольнити іншого?

Молитва

Господи, Ти не самотній, а родина. Ти — любов, що виливається і творить інших живих осіб, щоб з ними здійснити сопричастя любові. Ти хочеш, щоб і наша любов була плідна, щоб кликала інші єства на бенкет життя. Поможи нам подолати егоїзм та відкрити себе відповідальному материнству і батьківству. Задля заслуг твого Єдинородного Сина Ісуса Христа нині й повсякчас і на віки віків.
Амінь.

ВИХОВУЮТЬ 8.

Проблеми, які треба передбачати

Декому може здатись недоречною розмова про виховання. Але знаємо, що наречені, які відповідально ставляться до свого життя, не занедбують цієї теми.

Очевидно, не писатимемо тут трактат про виховання. Наречені можуть знайти про це докладніші і цінніші книжки. Розглянемо тільки деякі основні проблеми.

Виховати людину

Дитина має в собі спадкові характеристики, які творять її темперамент. Батьки дають дитині їжу, одяг, помешкання, догляд, безпеку..., а також психічні й моральні засади, щоб вона здійснилася як особистість.

Виглядає, що усе легко, але це не так. Передусім у вихованні немає нічого автоматичного. Від початку треба чітко знати, які цілі хочемо осягнути і якими методами будемо керуватись.

Основна мета виховання — „збудувати людину". А що це означає? Наречені повинні вияснити, чи їхні ідеї є спільними. Справді ж бо, щоб збудувати людину, треба допомогти їй стати в якийсь спосіб батьком і мамою себе самої, тобто здатною незалежно провадити своє особисте і суспільне життя. Для християнського подружжя воно означає ще щось важливіше: допомогти дитині знайти своє місце у світі, у стосунках з Богом і з людьми в Його ім'я.

Кожне подружжя має в душі образ людини, який хотіло б бачити здійсненим у своїх майбутніх дітях. Батьки уявляють своїх дітей здоровими і сильними, розумними, спритними і впевненими, багатими і щедрими...

Далекі сни... але вони виявляють окремий „проект" людини, який має кожен, а передусім ті, що готуються до місії батьків.

Дуже важливим є вибір цілей. Краще вибрати просту ціль і одночасно таку, що все охоплює, щоб діти могли реалізувати людське і християнське покликання у світі.

У перспективі виховання, що вважає людину центром своєї дії, не занедбується і не зменшується вартість жодного аспекту. Фізична сила і формування розуму, характеру, волі, сексуальності, релігійності, суспільності — всі ці якості входять у загальновиховний план.

Через те, що здійснення плану належить перш за все родині, наречені повинні пам'ятати, що їхня майбутня виховна діяльність буде тим пліднішою, чим відповіднішим буде родинне середовище.

Конкретно це означає:

— відповідне *гігієнічне* середовище для розвитку здорового тіла;
— *емоційне* середовище для формування почуттів і спрямування волі;
— *культурне* середовище для передачі розумових і моральних цінностей;
— *творче* середовище для спрямування до завдань активного життя;
— *соціальне* середовище для вивчення суспільного життя.

Не вірте, що таке середовище може створитися само по собі, в результаті незвичайних вчинків або рішень, прийнятих раз і назавжди. Навпаки, воно народжується із вміння застосовувати свої життєві принципи у щоденному житті.

Виховні начала

Від яких начал треба брати натхнення, щоб виховання було справжнім, а не сукупністю норм?

Ось деякі, з якими нареченим доречно наперед порівняти свої переконання.

— Не всі діти однакові. Отож виховна система, заснована на догматичних або книжкових схемах, має лишити місце системі, що чуйно зважає на природні вимоги кожної дитини. Для цієї цілі нема нічого кращого, як вправлятися завчасу, намагаючись зрозуміти очікування ближнього, щоб дати кожному своє.
— Дитину треба виховувати не для себе, а для неї. Цей принцип для тих, що готуються до подружжя, може виглядати передчасним, далеким. Але саме той, хто недавно здобув власну автономію від своєї родини, може найкраще зрозуміти, що значить виховувати дітей так, щоб вони могли вільно бути самими собою. Треба рішуче перенести в майбутнє набутий досвід, щоб він послужив для добра ваших дітей.
— Передані цінності будуть засвоєні дітьми не так зі слів, як із того, ким є батьки: діти мають „шосте" відчуття і розуміють, коли настанова достовірна, тобто засвідчена життям, а коли це тільки пошана ідеалу, що виражається лише словами.

— Не занедбувати здоров'я і зовнішній вигляд. Треба дбати про реальне добро, щоб діти були здорові, чисті, охайні й приємні для себе і для інших. Але без перебільшень, без фанатизму. Вправляймось у спокійній оцінці таких благ, як здоров'я і гарний вигляд, що, як бачимо, не є вічними і не в усіх.

— Треба дбати про розум, розвивати, збагачувати його. Психолог Д. Левіс каже, що „розум людини розвивається і росте за вимогою"; він переконаний, що немає нерозумних дітей і що треба тільки зрозуміти, який тип розуму вони мають. Словом, кожна людина має якісь здібності, тільки треба виявити довіру і посприяти їх розвитку, не впадаючи у відчай, якщо одразу не буде видно результатів.

Але також не треба прививати дітям ідею-амбіцію розумової першості будь-якою ціною, бо розум — це особисте добро, що дозріває повільним набуттям власної мудрості за межами офіційного визнання.

— Дім і атмосфера в ньому повинні служити подружжю (і майбутнім дітям), а не вони — дому. Отож, вже на початку треба позбутися мотлоху, надто делікатних предметів і тканин, що легко забруднюються. Деякі помешкання, які приготовляють наречені, здається, промовляють, що тут немає місця для дітей. Очевидно, що дітей треба вчити шанувати речі, які батьки придбали також і для них, однак вони не можуть бути жертвою амбіцій дорослих.

— Батьки бажають дати своїм дітям добробут, вигоду і достаток. Без сумніву, що це добре; але треба вважати, щоб не бракувало любові та правдивого виховання. Надто вигідне і заможне життя не є найсприятливішим для розвитку добрих моральних якостей, що виробляються також і жертвами та терпінням.

Розвивати творчість

У попередньому розділі головними ознаками зрілої особи ми назвали реальне довір'я до своїх можливостей і до ближнього, незалежність суджень, акцептація себе самого, самовідданість. Достатньо було б відіслати до перечитування цього розділу під кутом зору виховання.

Ми хочемо ще дещо додати про творчість, що, можливо, є особливою властивістю, оскільки вона сприяє, на нашу думку, розвиткові всіх інших.

Що ж таке творчість? Це протилежне до пасивного прийняття речей, обставин, думок інших. Це звичка бачити своїми очима, відкривати зі здивуванням красу і правду речей, але також з ясністю та реалізмом — зло і нечесність у світі.

Творчість — це властивість, що відрізняє людину, віддану справі, від гендляра, котрий заробляє гроші, державного діяча від політикана, раціональну людину від звичайного діалектика, науковця від ерудита, митця від імітатора.

Говорячи про виховання, ми додамо наступне: творчість відрізняє вихованого від шанобливого, оптиміста від легкодуха, товариського від дотепного, обережного від недовірливого, людину, що любить, від тієї, що тільки дає милостиню, послушного від пристосуванця, справді релігійну людину від тієї, що тільки практикує.

Перелік цих протилежностей дає можливість інтуїтивно зрозуміти те, про що треба подбати у вихованні. Це „справжні цінності", які відображають внутрішній світ не зведеної формалізмом, поверховістю, зовнішнім успіхом людини.

Щоб бути творчими батьками

Очевидно, щоб розвивати творчість в інших, треба спочатку самому бути творчим. Тільки творча особа може виробити найуспішніший метод для виховних відносин, що ґрунтуються на принципі „незаміни".

Навіть реальне довір'я до своїх здібностей не може бути „передане" дитині, а тільки здобуте нею. Якщо воно подається їй тільки ззовні, то не має цінності і, звичайно, не сприяє самоутвердженню і усвідомленню власної гідності.

Вміння правильно бачити проблеми і розв'язувати їх приходить до дитини від прямої зустрічі з труднощами та від особистих зусиль (не завжди увінчаних успіхом), до яких доросла людина її заохочує, але не замінює й не подає готового розв'язку.

Необхідно привчати, щоб дитина запитувала себе: „А як думаю я?" Це заохочує її особисто аналізувати речі, ситуації, поведінку, зосереджуватися над тим, що робить, ніби воно найважливіше в світі; це допоможе дитині виконувати свої обов'язки спокійно та з ентузіазмом.

Треба показувати дитині речі й людей „зсередини", щоб не була вона тільки звичайним глядачем, а виробляла в собі звичку входити „під кору", щоб відкривала глибокий зміст дійсності. А таке відкриття дає радість щодня „народжуватися знову“. Дерево, місяць, технічний винахід, голодна дитина третього світу, Бог-Творець і Його Провидіння — усе це можна потрактувати як банальні речі, або як щось велике, дивне.

Жодна дитина не може жити і рости без материнської любові, любові, що є радісним прийняттям, любові, що є даром і жертвою, любові, що є крокуванням поруч дорогою життя.

Для доброго виховання

Батьки, які ступили на дорогу особистого і спільного росту, не матимуть труднощів встановити зі своїми дітьми конструктивні відносини. Їм неважко буде:

— слухати, терпеливо і без поспіху. Розумові процеси у дітей повільні, тому потребують великого терпіння;
— розуміти і поділяти їхні почуття. Звернемося до нашої дитини з глибокою увагою („Тобі, напевно, дуже погано!“ — „Тобі неприємно... ти страждаєш, дитино моя!“);
— обмежити докори в конкретних ситуаціях. Навчитися ганити за окремі вчинки, а не дитину в цілому („Ти нечемно відповів мамі“, а не — „Ти такий нечемний“);
— хвалити за конкретні вчинки, ніколи не узагальнюючи. (Не кажемо: „Який ти щедрий!“, а: „Я бачив, що ти подарував забавку Павликові, — це гарний вчинок!“);
— створити спокійне оточення, просякнуте довір'ям і пошаною свободи інших. Скажемо в цілому, що ми передаємо дітям цінності, в які віримо, тому що ті цінності для нас важливі. Отож, маємо право вимагати, щоб вони шанували їх. Але діти можуть прийняти їх або ні, щоб тільки ми прийняли їх вибір. Тоді будемо готові допомогти їм, якщо матимуть потребу, простити, якщо помиляться, так, як робить Бог і з нами, і з ними;
— щодо дітей не треба бути непохитними, а старатися зрозуміти причину їхньої поведінки.

Ось деякі приклади:

непевність дуже часто є наслідком нашої надмірної опіки та недовіри;

неправда може походити від страху побиття чи докорів, від потреби надолуження за особисті труднощі, від страху спричинити нам неприємність чи страждання;

лінивство може походити від фізичної слабості, від невдач, від недоречних порівнянь із братом, другом, батьком, матір'ю;

задирливість майже завжди є засобом розв'язання проблем, яким дитина не може знайти вирішення в інший спосіб. Дитина ще не навчилася використовувати мовчанку чи правильне слово, щоб доказати свої права, або вважає правом те, що насправді ним не є;

А якщо дитина *тяжко захворіє*? Або стає *калікою*? Такі ситуації деколи бувають дуже болючими, часто тривають роками і навіть протягом усього життя. Тоді з'являються внутрішні „механізми" прийняття і сили, успіх яких залежить від того, чи будували батьки своє життя на сильних і певних принципах: тоді можна увійти в перспективу дитини, побачити світ її очима, допомогти їй відігравати свою роль у світі протягом цілого її життя;

Але якщо каліцтво легке або хвороба тимчасова, батьки повинні використовувати виховні засоби, далекі від надмірної опіки, що тільки шкодять дітям і батькам. Дитину треба підтримувати, заохочуючи до довір'я, спокою та повної реалізації своїх здібностей.

Дитина і стосунки у подружжі

Подружня гармонія є запорукою доброго виховання дітей. Але буває і навпаки: деякі важкі ситуації, нерозв'язані в подружжі, відбиваються на дітях.

— Батьки не є на одному рівні: чоловік трактує жінку як нижчу істоту, або жінка вважає чоловіка нездарою. Тоді дитина матиме схильність переважати над другою статтю, або над братом, сестрою чи батьками.

— Батьки часто сваряться, не контролюючи себе перед дитиною, яка починає боятися, щоб її не покинули або що вона є причиною незгоди; крім того, рідко буває так, що дитина займає нейтральну позицію: переважно вона стає на боці одного або другого.

— Батьки не вияснюють причин незгоди і пасивно згоджуються з невдалими стосунками; тоді дитина часто стає засобом надолуження і предметом володіння одного або другого.

— Батьки розлучаються. Дитина майже завжди втрачає ясне поняття про моральний образ батьків, навіть через взаємне руйнування, до якого вони доходять; крім того, вчиться використовувати їхню ворожість, щоб легше одержати те, що хоче.

Що ж сказати про це все? Треба намагатися творити добрі стосунки у подружжі, хоча б тільки задля добра дітей. Проте часто турботи про дітей не достатньо, щоб зрівноважити стосунки між батьками, чи то на початку непорозуміння, чи пізніше.

З іншого боку, діти не повинні дбати про згоду батьків, радше навпаки: якщо батьки живуть у згоді та любові, дитина відчуває це і росте психічно здоровою.

Вона може бути трохи ревнивою, але помітивши, що любов батьків цілком не виключає її, переконується, що люблять її тим більше, чим більше люблятся між собою.

Основа виховання — дві ролі батьків

У ранньому віці з дитиною більше спілкується мати. Вона — тепло, їжа, охорона, ніжність, певність...

Але материнські почуття не виникають раптово. Та глибока здатність дарувати себе, що виявляється в жестах і словах, може бути лише наслідком завчасного приготування. Дитина зрозуміє, хоч і несвідомо, чи мати, дбаючи про неї, щаслива з цього, чи тільки виконує гнітючий обов'язок.

Справді материнське ставлення може походити тільки з особистої рівноваги і з емоційної зрілості жінки, а також із відповідного подружнього життя.

Батько пізніше входить в життя дитини. Спочатку він виконує лише непряму роль: ніжно підтримує маму та бере участь у великому призначенні своєї дружини. Пізніше його роль стає глибшою і більш незалежною: він представлятиме для дитини зовнішню дійсність і якоюсь мірою буде для неї представником обов'язкового порядку і будівництва життя. Але, передаючи поняття про порядок у світі та скеровуючи до цінностей (очевидно, що з участю жінки), батько має подбати про те, щоб дати прийнятний приклад, який не викликає розчарувань, і щоб дитина не ризикувала відчути його невартісним або вищим від своїх можливостей.

Роль батька може скомпрометуватися його відчуженістю від життя родини: довготривалим перебуванням на роботі, незацікавленням, перекладенням усіх обов'язків на жінку, слабодухістю. В усякому разі дитина може дуже постраждати через батьківську відсутність, впадаючи у хронічний стан тривоги та непевності.

Якщо мати працює

Праця жінки — дуже поширене явище, яке вимагає поправок і доповнень у двох традиційних ролях. Батьки стають в очах дітей менш точними і більш замінними. Варити, приносити додому зарплату, купувати, говорити про події у світі, прибирати у кімнатах, брати участь у суспільно-політичному житті — справи, які однаково можуть виконувати і батько, і мати.

А суворість, ніжність, методичність, поблажливість, рішучість, опіка не є характерними рисами батька або матері, а виховним ставленням, що притаманне обидвом. Але вважаймо на перебільшення. Це виглядає парадоксом, але в багатьох родинах є дві матері і ні одного батька або два батька і ні однієї матері...

Що конкретно треба робити, аби не виникали непорозуміння?

Батько повинен:

— допомагати жінці дбати про помешкання і дітей, намагаючись при цьому зберегти незмінною свою ідентичність;
— проводити певний час з дітьми у розмовах про зовнішній світ, про цінності, в які вірить; про чесність, справедливість, про Бога;
— допомагати їм відлучитися від мами, якщо вона надмірно піклується і тривожиться;
— виправляти рішуче, точно і безпосередньо, але без суворості і надмірної влади.

А мати, яка працює, повинна передусім:

— переконатися, що така праця справді необхідна. Деколи жінка, щоб не потрапити в „невроз домогосподарки", потрапляє в „невроз подвійного стресу" або, щоб забезпечити добробут дітей, дає їм замало любові і догляду;
— працювати, якщо можливо, неповний робочий день;
— залишити достатньо великий проміжок часу між народженням дитини і поверненням до праці, навіть якщо доведеться втрачати на фінансах;
— знайти для дитини відповідне приміщення і догляд, не порушуючи власних принципів щодо гігієни та моралі;

— компенсувати „кількість“ часу, не пережитого з дитиною, „якістю“ тих годин, які можна їй присвятити;
— вважати, щоб випадкове почуття вини через змушене відлучення від дитини не спонукало до надмірного потурання її забаганкам.

Батьками стають. Не досить дати життя. Треба плекати його незліченними жестами любові. Увага й ніжність, розуміння і довір'я, час, проведений разом у забаві... ніби й малі, але такі великі знаки справжньої любові.

Допомога подружжю у виховані дитини

Погляньмо тепер на іншу проблему: куди подіти дитину на час відсутності матері, кому її поручити? Її батькам чи його? Дитячим садочку чи няні?

Бабусі й дідусі, без сумніву, є найкращою розв'язкою з точки зору почуттів. З ними дитина матиме тепле середовище, дуже близьке до середовища свого дому. Але треба, щоб бабуся чи дідусь були в доброму здоров'ї, вільні від праці та інших родинних обов'язків; щоб були вони врівноваженими, емоційно зрілими (не завжди літа запевняють це), здатними пристосуватися до часу і норм, встановлених батьками.

Тому вибір треба робити обережно й об'єктивно. Його критерієм мають бути не родинні почуття одного з партнерів, а запорука певності та врівноваженості. І якщо подружня пара звикла до щирого і спокійного діалогу, це мало б вирішитися мирно для всіх.

Садочки повинні мати добре підготований персонал і середовище, пристосоване для дитини та відповідно устатковане.

Тут також треба великої батьківської уваги щодо надійності закладу, особливостей персоналу, дотримання гігієнічних вимог та моралі.

Нянька також може бути добрим розв'язанням проблеми, якщо знайдеться відповідна особа. Не треба й говорити про обережність у виборі няньки.

Як бачимо, яким би не було вирішення, головна роль завжди належить батькам.

Віра батьків

Чи важливо для доброго виховання дітей, щоб батько і мати були віруючими? Можемо сказати, що майже завжди виховання на підставі тільки людських принципів, якщо й дає добрі наслідки, то містить приховану віру. Але батьки-християни, які хочуть, щоб їхні діти були християнами, при хрещенні зобов'язуються до християнського виховання, яке, тому що засноване на загальнолюдських і вічних цінностях, дає правдиві запоруки повноти.

Але треба, щоб батьки:

— мали і передавали чіткі ідеї; їм потрібно багато читати, йти в ногу з часом, розважати над християнським життям;
— самі жили справжньою вірою, без забобонів, формалізму, тобто вірою, заснованою на непідробному „відчутті Бога";
— шукали у спільній молитві (а потім з дітьми) постійне джерело благодаті, світла, сили;
— мали терпіння, були далекоглядними; до віри не можна примусити, її треба викликати;
— працювали для дітей від усієї душі, але і без претензії збирати одразу плоди, з тією спокійною думкою „непотрібного слуги", що шанує діло Бога.

Додамо дещо і поглибимо цю тему в останньому розділі.

Для роздумів

— Чи говорили ви про виховні принципи, які будете застосовувати у вашій майбутній виховній діяльності?
— Чи переконані ви, що до батьківства треба готуватися? Яким чином? Чи читали ви літературу на цю тему? Чи розпитували про виховання дітей у досвідчених сім'ях?
— Що означає для вас „будувати людину“? Яка ваша модель людини?
— Чи вважаєте, що родина є відповідним середовищем, щоб виховувати людину у повноті?
— Що думаєте про здоров'я тіла? Що означає для вас „дати добробут“ своїм дітям?
— Чи вважаєте себе здатними до творчих відносин? Спробуйте перевірити. Чи маєте звичку заступати інших (вдома, на роботі, у суспільних завданнях)? Чи схильні ви приймати ідеї інших без дискусій або нав'язувати свої, не поважаючи ідей інших?
— Чи вмієте слухати, докоряти, хвалити, розуміти обмеження інших, допомагати їм реалізуватися?
— Чи знаєте „невдалі“ подружжя з дітьми? Які у них стосунки? А як реагують діти?
— Чи думаєте, що жінка може погодити свої обов'язки матері з працею поза домом?
— Чи вважаєте, що виховання бабусі-дідуся є вартісним? Що думаєте про дитячі ясла-садки?
— Чи важлива віра для доброго виховання?

Молитва

Господи, Ти не покидаєш своїх синів на їхні сили, а даєш їм батьківську любов, щоб довести їх до повноти життя. Поможи нам стати батьками, що вміють виховувати у правді, справедливості, вірі не тільки словами, а передусім особистим свідченням. Бо Ти святий єси і чоловіколюбець Бог наш, і Тобі славу і дяку віддаємо з Єдинородним Твоїм Сином і Святим Твоїм Духом нині і повсякчас.
Амінь.

ВІДКРИВАЮТЬСЯ СВІТОВІ 9.

„Суспільність" двох, що кохають одне одного

Не дуже давно суспільство переживало епоху, коли певна міщанська ідеологія сформувала поняття про приватний характер подружнього і сімейного життя. Навіщо відкриватися іншим — тільки найближчій родині? Чому треба бути готовими відповідати на потреби спільноти? Чому треба по-братньому жити з усіма народами світу?

Згодом це поняття змінилося, навіть тому, що самі діти „висадили в повітря" таке вигідне життя батьків, дорікаючи їм самолюбством і нездатністю вийти з себе. І мали рацію. Подружжя і сім'я не можуть задовільнити всі очікування своїх членів, а мають зовні знайти якийсь простір для участі у суспільному житті.

Та й світ потребує, дуже потребує родин. Зрештою, любов, якщо вона правдива, за своєю природою не хоче відокремлюватися від дійсності, що її оточує, хіба тільки, щоб набрати нових сил. Вона хоче певним чином змінити цю дійсність і відчути можливість свого поширення на цілий світ.

Послухаймо Лідію та Якова, одружених дев'ять місяців: „Останнім часом ми мусили покинути усяку громадську діяльність, щоб приготуватися до весілля... Ми нічого іншого не бажали, крім спокою і самотності, щоб віднайти себе самих і, врешті, правдивіші стосунки з людьми. Після шлюбу наша хата, наші вечори, свята здавалися незамінними благами, якими треба насолоджуватися. Ми менше зустрічалися з давніми приятелями, і наші батьки докоряли нам за таке відчуження. Ми були переконані, що це незле. Але тепер помічаємо, що тратимо щось важливе: стосунки з зовнішнім світом, добрі зв'язки з родиною, друзями... Вчора ми говорили про це і вирішили вийти з нашої шкаралупи".

Лідія і Яків поступають правильно, коли двоє одружуються, про попередні зв'язки (крім виняткових випадків) не можна забувати, треба їх змінити. Подружжя тоді представляється як нове єство, здатне гармонійно прийняти родинні зв'язки, дружбу, професійні й суспільні обставини обох. Отож, кожен може і повинен казати: „Я вже не тільки я, а — ми разом у моїй родині, у моєму середовищі, серед друзів..."

„Чоловік залишить свого батька і свою матір“ (Бут. 2, 24)

Відлучення від обох родин, з яких походять молоді, є суттєвим для життя й успіху подружньої пари. Обоє — повторюємо дорогий нам вислів, — мали вже стати „батьком і матір'ю себе самих“. Якщо цього не сталося, зв'язки з двома родинами чи з однією із них, не відповідають правильному критерію почуттєво зрілих стосунків.

Приклади:

— Андрій часто йде до мами, бо вона „добре варить їсти“;
— Слава нічого не вирішує без своєї матері. Постійно чекає на її допомогу, поради..., дзвонить, щоб тільки почути її голос;
— Оксана не може обійтися без свого ніжного і співчутливого батька, який так піклується про неї.

І починаються нещастя: жалі й обурення, суперництво і почуття вини. Чому іноді так важко „відлучитися“? Тому що не хочеться відмовлятися від вигод, від усіх послуг, від автомобіля батька, завжди готового до використання... Дуже часто саме молодь схильна втікати з родини, через те, що „не можуть стерпіти тата і мами“. Але в дійсності вони не відлучаються від них, а продовжують кружляти по орбіті батьків, не доходячи ніколи до справжньої незалежності.

Найважчі стосунки: невістка-свекруха і мати-син

Деколи причина не така зрозуміла: син не може відірватися від своєї сім'ї, бо батьки (мати чи батько) не дозволяють йому зробити це. Наприклад: мати самотня або має проблеми у подружжі, вона „не дає піти“ синові, тому що він для неї — все, і ніби надолужує цим усі свої негаразди.

А якщо він все-таки йде, зрозумівши свою залежність, вона видумує і застосовує цілий план війни, хитрий і деколи жорстокий, щоб не дати йому здійснити життя одруженого чоловіка. Часто вона вдається до „нищення“ його нареченої, а потім його жінки, колючими висловами, виявляючи, більш чи менш явно, свою неповагу.

Нерідко буває, що невістку приймають сердечно, ніби з великою „материнською“ уважністю і повчанням, щоб тільки вона навчилася робити щасливим свого чоловіка. В загальному невістка розуміє оману; і якщо син бере участь у грі, все пропало. Після роботи піде „на хвилину“ до своєї матері або подзвонить жінці, що через нездужання мами залишиться у неї на вечерю, а та помітить, що його сорочки недобре випрасувані...

У більшості випадків важкі стосунки між невісткою і свекрухою залежать від того, що чоловік не може відлучитися від своєї матері. Натомість негативні стосунки між двома жінками не лякають, якщо чоловік (за котрого змагаються) вирішив осягнути повну зрілість: йому неважко буде зрозуміти гру матері й не попасти на гачок.

Він може навіть посприяти дружнім стосункам між жінкою і матір'ю, і кожен буде займати своє місце: жінка — тільки вона буде жінкою, а мати буде матір'ю їх обох. Словом, майже завжди полагодження важких стосунків „невістка-свекруха" залежить від чоловіка. Але також і від жінки: треба допомогти йому відважним і одночасно люблячим ставленням.

А якщо дочка не може відлучитися від своєї матері? І таке буває часто. У цьому випадку маємо матерів „вищих", звиклих панувати, наказувати, брати на себе не свою роль, і дочок, що внаслідок цього стали слабими і неповними особистостями.

Тоді залежність мати-дочка, у більшості випадків, продовжуватиметься і після шлюбу, завдаючи шкоди подружжю. Важко назвати такі стосунки ідилічними. Між двома жінками часто виникають сварки, що тільки замасковують становище залежності-володіння, а в дійсності посилюють його.

Часто виникає ситуація, що чоловік, почуваючись виключеним з таких стосунків, приймає їх або тому, що вони йому вигідні, або тому, що не може зайняти своє місце біля дружини.

Помітивши це, жінка всіма засобами має намагатись відлучитися від матері, щоб стати незалежною, а чоловік має допомогти їй віднайти довір'я до себе самої і до своїх здібностей.

На закінчення скажемо, що ці та інші важкі стосунки треба полагоджувати чимскоріш, перш ніж вони стануть причиною непорозумінь і сварок у подружжі.

Старші у родині

Ствердивши важливість відлучення подружжя від своїх родин, треба поглянути на другий бік справи. Батько і мати мають права, визнані мораллю, релігією, а також державними законами. Їхнє „так" життю дитини, їх самопожертва і терпіння заслуговують на віддачу. Це передусім пошана, потім любляча зацікавленість їхніми проблемами, присутність і допомога у випадку потреби.

Якщо подружжя живе у злагоді, то йому спонтанно вдається встановити добрі стосунки з двома родинами взаємообміном, що поширює і поглиблює почуття любові, не завдаючи шкоди самому подружжю. Воно навіть стає міцнішим, тому що обоє, стаючи дітьми батьків іншого, відкривають радість віддавати і приймати ту саму любов.

Щодо цього може виникнути сумнів: чи треба кликати „батьком" і „мамою" батьків партнера? Можливо, було б непогано конкретно потвердити це нове синівство, створене подружжям. Однак багато молодих цього не приймають.

Ми кажемо, що кожен має робити так, як вважає правильним. Бо навіть звертання до свекрухи, свекра, тещі, тестя по імені може сприяти добрій приязні. А хто б не погодився на добрі приятельські стосунки зі своїм зятем чи зі своєю тещею?

Але існує ще важливіша проблема. Всі ми готові обурюватися витісненням старших, що відбувається в нашому суспільстві, а забуваємо, що перша і найгірша емарґінація відбувається в родині. Ми часто використовуємо їх доки це можливо, а потім відсуваємо вбік, як непотрібну чи обтяжливу річ.

Треба повернутися до джерел. Присутність старших в житті родини (що не завжди означає співжиття) — це правдива цінність: вони виконують в родині важливу місію свідків минулого і натхненників мудрості для молоді і майбутнього.

Образ дідуся чи бабусі залишається в багатьох із нас як один з найкращих спогадів дитинства. Дідусі й бабусі мають більше часу, мудріші, терпеливіші, вигадливіші від батьків, і малі люблять їх саме через ту ніжну згоду, що встановлюється між тим, хто йде вниз, і тим, хто йде вгору по життю.

Пізніше можуть виникнути конфлікти чи труднощі у порозумінні, що не завжди є знаком розумової бідності старших; вони не можуть загальмувати відцентрову силу, якій підлягає родина, пом'ягшити наступ зовнішнього світу зі своїми міфами та викривленнями, навіть спасти всіх членів від анонімності та втрати індивідуальності.

Молода сім'я має покірно прийняти допомогу старшої особи, заохочуючи її, в свою чергу, до жвавого способу життя, молодечого запалу, обізнаності в справах і толерантрості.

Але що робити, коли хтось зі старших хворий і потребує догляду? Ми схильні примістити його в якомусь „будинку відпочинку", думаючи, що така установа є найбільш відповідною для нього, що там буде спокійно жити і не забракне наших відвідин та любові.

Але пам'ятаймо:

— Немає установи, якою б сучасною й устаткованою вона не була, що могла б замінити тепло рідного дому; жодну найшвидшу і найкращу допомогу не можна порівняти із самопожертвою сина або дочки хворим чи потребуючим батькам.
— Однак часто треба зважати на свої фізичні й моральні можливості. Нині бракує помешкань, або вони надто малі; деякі старі люди мають дуже важкі характери, серйозні захворювання, іноді навіть небезпечні, тому їх перебування у родині майже неможливе. Деколи особисті, сімейні проблеми чи стосунки з дітьми вимагають від подружжя великої розсудливості, тому необхідно вибирати менше зло, надаючи першість проблемам, що стосуються ядра родини. Це ядро треба охороняти і допомагати йому в першу чергу, навіть коштом розлуки зі старшою особою.

У кожному разі, від чутливості і любові подружжя до їх „старих" залежатиме, чи розлука не стане відкиненням.

Якщо ж „старого" утримують в родині, навіть жертвуючи для нього трохи місця, часу і волі, то для доброго співжиття потрібно:

— залишити старшій особі свободу розпоряджатися своїми грішми (хоч частково), вдовольняти її, наскільки це можливо, у розподілі часу та у звичках;
— вимагати від неї поваги до нашої незалежності, а передусім поміркованості стосовно нашого подружнього життя і виховання дітей.

Є такі старші люди, які на схилі літ хочуть жити самі у своєму домі посеред дорогих споминів. Інші самі вибирають „будинок відпочинку". Як правило, це люди розумово активні, жваві і щедрі, що хочуть бути незалежними, а не тягарем для своїх дітей.

Очевидно, треба дати їм свободу, але хай через це не забракне їм нашої любові і моральної опори; не забувати часто відвідувати їх, запрошувати додому і передусім давати їм радість почувати себе ще живими галузками родинної спільноти (просити їхніх порад, повідомляти про події в родині...)

Стосунки з родичами

Численним подружжям вдається встановити добрі стосунки з братами, кузенами чи іншими родичами. Але іноді між родичами виникають серйозні непорозуміння. Давня чи нова заздрість, образа, спричинена матеріальними інтересами, спадщиною, економічними чи культурними відмінностями, розходження в релігійних чи політичних ідеях можуть викликати кризи в родинних стосунках, які, здається, триватимуть вічно.

Справді сумно стає, коли бачимо, що часто найважче зберегти саме найтісніші кровні зв'язки. Однак, що робити? Згодитись із тим, що неможливо з усіми приятелювати, усім однаково симпатизувати, довіряти, відкриватися. Важливо, щоб не занедбувати свого обов'язку поводитись по-братьому і відкрито, відкинути ненависть та образи, які, на жаль, мучать стільки родин.

Подружня злука мала б бути основою, на котрій будується найширша братня злука з усіма членами родинної спільноти.

Християнська сім'я — сім'я відкрита.
Уважна до потреб інших, готова до діалогу...
Це мала Церква, що поновлює і продовжує в житті зустріч любові з Ісусом у Євхаристії.

Друзі

Друзів, на відміну від родичів, вибирають. Тому подружжя спілкується з людьми, з якими почувається добре. Це або давні друзі, що стають спільними, або подружжя того самого віку зі спільними проблемами та з подібними поглядами на світ. З ними подружжя ділиться досвідом, труднощами, досягненнями, вони разом відпочивають, розважаються. Здебільшого така дружба вдовольняє і підтримує на дусі.

Проблеми виникають тоді, коли один з двох не може відлучитися від давніх приятелів та продовжує контактувати з ними всупереч волі другого чи без його відома. Справді не зрозуміло, як у таких випадках можна ще казати: тепер я вже не тільки я, а я з ним (чи з нею). Подружжя має перебудувати також і дружбу. Якщо один не приймає приятелів другого, це значить, що має на те свої причини, і треба обговорити їх, щоб дійти згоди.

Навіть не говоримо про „групову дружбу“, що рекламується в наш час, в яких дві або більше пар готові на все, навіть на заміну партнерів. Це патологія, яка не має нічого спільного з дружбою. До такого падіння дійшли тільки через брак найменшої розважливості.

Втішає натомість справжня дружба, що зміцнюється роками, тих подружніх пар, які в ім'я спільного ідеалу періодично зустрічаються, дискутують, разом моляться, зобов'язуються до суспільної чи релігійної діяльності, віддаючи іншим свій досвід, поради, допомогу, свій вільний час.

У групах такого типу, справжніх „союзах" одружених осіб чи батьків, що мають спільні інтереси, подружжя і родина не може не збагатитися і тим, що отримує, і тим, що дає.

„Приготуємо місце і для тебе"

Важлива форма відкритості — це гостинність. Але треба, щоб подружжя відкрило її правдиві ознаки.

Як треба приймати гостей? Сердечно, просто, щиро... Бути відкритими на довір'я і приймати з довір'ям, намагатися зрозуміти і засвоїти духовне багатство іншого та поділяти його потреби.

А кого приймають? Родичів, друзів, близьку родину, убогого, студента, що не може знайти житла, дитину, що потребує опіки (спробуймо хоч подумати про це).

Гостинне подружжя розуміє, що справа не у лискучих паркетах, холодильнику, переповненому вишуканою їжею, чи кімнаті для гостей, щоб могти казати: „Приготуємо місце і для тебе". Треба радо і щиро поділитися тим, що маємо, „зімпровізувати" якусь страву без претензії і метушні, приготувати, що можна, на нічліг — це виявляє правдиву і теплу гостинність.

А вона, творячи атмосферу сердечного прийняття і спільної радості, сприяє обопільному збагаченню, бо гість у свою чергу дає стільки ж, або й більше від того, що одержує. Недарма кажуть: „Гість у хату, Бог у хату".

Очевидно, потрібно мати міру: неможливо, щоб хата постійно була переповнена людьми, треба також уникати друзів-дармоїдів чи нахаб. Крім того, гостинність має походити від подружжя, а не від одного члена, і мусить зважати на вимоги всіх (навіть дітей).

Професія

Професія — це засіб матеріального підтримання життя, свого і родини, а також сфера застосування своїх здібностей, це спілкування з оточенням. Звідси виникають проблеми, що стосуються не тільки окремої особи, але й подружжя та цілої родини.

Спробуємо подати деякі, на наш погляд, важливі принципи:

— передусім треба шанувати і сприяти професійному виборові партнера, а також допомогти йому відкрити якісь приховані здібності чи можливості реалізувати себе в праці;
— доречно розповідати іншому про труднощі, проблеми, успіхи і невдачі, що трапляються на роботі, щоб зробити його учасником свого життя; але важливою є також найбільша поміркованість щодо професійних таємниць і можливих проблем особистого характеру, що були нам довірені;
— той, хто слухає, має бути справді заінтересованим. Немає нічого, що стосується одного, що б не стосувалося також мене, і, якщо я люблю його, не можу бути байдужим до того, що хвилює його; але не треба бути надто цікавими: дехто хоче знати все про працю іншого, щоб мати тему для пліток або підстави для ревнощів.
— на місці праці одружений ніколи не мав би забувати, що „він вже не сам", бо інакше дуже легко втрачається ідентичність одруженої особи; він входить у приязні стосунки, які виключають партнера, непомітно потрапляє у ситуації, що загрожують вірності.

Але подружжя мало б також допомагати одне одному осягнути серйозне ставлення до праці, яка вимагає точності, відданості, чесності. Отож позбудьмося деяких звичок: спізнення, вдавані чи незначні хвороби, повільна і недбала праця... Не намагаймося зробити кар'єру, підставляючи ногу іншим і силою відкриваючи собі дорогу. І врешті, якщо маємо приватну роботу, втікаймо від спокуси нечесного, нерозсудливого заробітку, що не шанує прав інших людей.

Деякі приклади.

— „Я не можу не працювати менше, ніж 12-15 годин на день, зважаючи на те, скільки витрачає моя жінка..." (Мартин).
— „Ти теж будь хитрий, роби так, як інші. Вони ж не переймаються роботою. Працюй менше, ніж можеш. А ще краще — залишися завтра вдома і помалюй поруччя" (Марія).
— „Ти справді бідолаха, завжди боїшся зійти з дороги! Хто не ризикує... Поглянь на свого брата: добре заробляє, бо не дбає про якесь там сумління. Моя братова має гарний будинок, одяг, розваги..." (Ірина).

Партнер може негативно впливати на професійну поведінку іншого. У світі, що спонукає до успіху, до нагромадження, що оцінює осіб на підставі їхнього рахунку в банках, саме від подружжя мало б починатися нове розуміння праці.

Вона служить для того, щоб мати потрібне для себе і для дітей, поміркований добробут і пристойність; але не має відбирати у родини час, відданість, любов.

Чоловік, котрий з особистої амбіції, чи тому, що жінка примушує його, працює 12-15 годин на день, може, дасть родині добробут і економічне забезпечення, але, напевно, ніколи не дасть їй своєї правдивої „присутності".

Треба боротися проти „надміру", порівнюючи економічне становище подружжя з добробутом населення своєї країни, а також з труднощами нерозвинених і голодуючих народів.

Відкриття родини світові

Подружжя і родину повинно цікавити все, що відбувається у світі. Голод, війни в далеких країнах, вичерпування енергетичних ресурсів, використання і зловживання атомною енергією, екологічні проблеми, злочинність і тероризм, наркоманія, відкинення чужинців, інформаційний простір, медицина, школа, масові видовища, звичаї, економіка держави — це проблеми, які одружені повинні мати на увазі, говорити про них, розуміти, зробити їх своїми, якщо хочуть створити „відкриту" родину.

Але треба також робити щось конкретне, щоб слова не були пустими. Не долучатися до розв'язання професійних проблем, не брати участі у виборах та голосуваннях, ніколи не знаходити часу для суспільного блага — це повне ліниве занурення у своє приватне життя.

Суспільство й суспільні інститути перебувають у кризі саме тому, що надто багато людей не цікавляться ними. Виправдання бувають різні: „Ми не маємо часу, ввечері ми надто втомлені"; „Ми не надаємося до таких речей"; „На суботу-неділю... виїжджаємо"; „Навіщо туди ходити? Знизу не змінюється нічого". Насправді ж ці та інші виправдання — це форми замкнення у собі, що часто виявляють вузькість виховання, що не дало розуміння важливості особистої присутності в історії.

Для багатьох навіть телебачення, правдиве вікно у світ, спонукає звільнюватися від цього обов'язку. Подумаймо, скільки вечорів і неділь проводимо перед телевізором, а могли б використати їх, хоч частково, для зустрічей з різними людьми та для спільного добра.

Із великодушної відданості спільному добру подружжя буде мати запевнену духовну і психічну користь для себе і для дітей, що вже з перших років свого життя матимуть дружнє середовище. Розуміється, що відданість також має мати міру. Можуть з'явитися дуже важливі причини, щоб обмежити чи й цілком звільнитися від такої праці. Маємо на увазі критичні для подружжя і родини періоди, як, наприклад, вагітність, перші місяці дитини, якісь переживання або хвороба одного з членів подружжя, дитини, чи когось із рідних, економічні труднощі...

У громадській діяльності завжди необхідно шукати точку рівноваги, що враховувала б потреби всіх, бо інакше поповнюються мала чи й велика невірність щодо партнера і несправедливість щодо дітей при хибному і обманливому переконанні, що суспільне зобов'язання оправдує нашу недбалість стосовно них.

Виконання деяких добровільних послуг також має враховувати думку обох, бо „я вже не тільки я, а — я і він (вона)".

Деякі перестороги:

— Якщо мій партнер не розуміє мого зобов'язання і не приймає його (а про це треба було б говорити перед шлюбом), будемо дискутувати разом, порівнюючи свої позиції: якщо панує любов, завжди можна знайти компроміс.

— Якщо партнер зверне мені увагу, що я приділяю дітям замало уваги, занедбую помешкання, забуваю про подружні розмови, зв'язки з найближчою родиною.., то я зважу на це і виправлю свою поведінку; чоловік чи дружина має обов'язок вказувати на випадкові зловживання свого партнера та допомогти йому віднайти рівновагу. Від зрілості особи і гармонії подружньої пари залежить вміння погоджувати великодушність із пошаною родинних обов'язків.

— Спільна участь обох партнерів у зовнішніх починах може бути дуже гарною річчю. Але вона не є обов'язковою: можна працювати у різних місцях, може трапитися, що певний час тільки один з двох буде задіяний. Важливо, щоб чоловік і дружина розповідали одне одному про те, що робиться, говорили про труднощі, просили порад...

— Спосіб життя, спілкування, розв'язання проблем постійно змінюється під впливом відносин із партнером. Бо ж правда, що, коли в парі нема згоди, відданість одного з двох зовнішнім починам може бути „втечею з сім'ї", втечею в інше оточення, бо приватне життя не вдовольняє; виникає нетерпимість до родинного стану і навіть бажання помститися партнерові.

Натомість у здоровому міцному подружжі творча любов не згасає навіть у випадку вимушеної відмови одного або обох партнерів від тих зобов'язань, що перевищують дійсні можливості.

Нехай жодній дитині у світі не бракує родини — теплого гнізда любові, що оберігає життя і навчає любити.

Дух євангелізації

Те, що ми сказали про відкритість подружжя до суспільства, ґрунтується на точно визначеній передумові: успішно може відкритися зовнішньому світові тільки психічно й морально стійке подружжя. Тепер додамо: пошук інтимної єдності має свій найглибший корінь у дусі віри, принаймні для християнського подружжя.

Християнське подружжя відчуває потребу зобов'язатися для світу не тільки в ім'я людської солідарності, але в гармонійній злуці з Церквою, божественним післанництвом якої є проповідування Євангелія. Знаємо, що Церква походить від Слова, тобто від Ісуса Христа, Слова Божого, що стало людиною.

Слово, що споконвіку співіснує з Отцем, з'явилося в історії для нашого спасіння і приходить незрозумілими і таємничими дорогами до всіх людей. Тому на землі є стільки знаків „справжнього світла, що просвітлює кожну людину" *(Йо. 1, 9)*. Це таємна енергія добра, великодушності, чистоти, любові, про котрі засоби масової інформації мало говорять, ніби зачаровані тим, що походить від зла.

І тому місіонер Ісуса Христа цінить усе те, що є добре в людських звичаях і навіть в інших вірах. Але знає, що він є носієм Доброї Новини, до поширення якої був зобов'язаний у Хрещенні. Святий Дух, джерело певності і сили, допомагає йому бути свідком тієї Доброї Новини у щоденному родинному і суспільному житті.

У цій ділянці християнське подружжя може послужити вірі з тою особливою ефективністю, яка походить від їхньої присутності у світі. Воно відкривається іншим у послусі Божому Провидінню, поширюючи своє зацікавлення від світу, що їх оточує, до світу далекого. Не тільки квартал і місто, з їх незліченними матеріальними потребами, вимагають їхньої християнської відкритості, але і духовні потреби людства, його спрага любові і Бога.

Численні проблеми турбують світ, а передусім сумний розпад стількох родин. Це вимагає свідчення живої родинної любові, що передається суспільству тканинами ще здорових сімей.

Особливе призначення християнської родини у світі

Переходячи до конкретного завдання, скажемо, що всі ділянки є добрі, але треба зважати на свої можливості, здібності і час, який можемо присвятити: хтось вільний тільки ввечері, хтось вміє добре говорити, хтось любить бавитися з малими дітьми, а хтось — працювати з молоддю, з неповносправними людьми, хтось — зі старими; хтось цікавиться політикою, а хтось — екологією... Не треба й казати, що кожен вибирає саме ту діяльність, яка приносить певне добро.

— На парафії можемо викладати катехизм для дітей, старших, навіть для родин; допомагати в приготуванні наречених до одруження; допомагати подружжям у труднощах; провадити різні молодіжні гуртки, відповідно до своїх здібностей.
— Відкриваються нові перспективи для активності родини у суспільстві: покинуті діти, важкі підлітки, відкинуті старі, хворі. Дуже цінним є почин християнських родин, що виявилися, як стверджує статистика, найбільш відповідальними у справі прийняття до родини підлітків, чиї батьки були позбавлені судом батьківських прав.
— Коли діти починають навчатися в школі, тоді можна безпосередньо втручатися в проблему шкільних структур, беручи участь роботі батьківських комітетів, зустрічах-дискусіях і в колегіальних органах.
— На законодавчому рівні можна працювати над проблемою житла, скороченого робочого дня для матерів, над проблемою безробіття, кінематографії для молоді...

Загально кажучи, дух віри виявляється не тільки в Церкві. Він має тенденцію поширюватися у суспільстві. Треба подолати те почуття меншовартості і страху, пасивного примирення з обставинами, що часто заважає починам християн. Отож сміливіше: хоч ми і бідні люди, однак несемо світові Слово, що є Спасінням. Любов має спонукати нас шукати більше за тим, що нас об'єднує, ніж за тим, що роз'єднує; але пам'ятаймо, що терпеливість не означає поступатися у переконаннях про правду.

Для роздумів

— Ви прихильник замкнутого родинного життя, чи вважаєте, що подружжя має мати широке коло спілкування?
— Які у вас стосунки з родичами? Як вони ставляться до вас? А як прийняла вас родина партнера?
— Як можна виявляти вдячність і любов до батьків? Що думаєте про старих батьків, покинутих їхніми дітьми? Чи знаєте родини, які утримують старих осіб, що потребують особливого догляду?
— Чи готові ви прийняти приятелів вашого партнера? Чи готові покинути свого приятеля, бо ваш партнер не приймає його?
— Чи були гостинними ваші родини? А якою ви бачите свою родину?
— Чи здається вам, що ви вибрали найбільш відповідну вашій особистості професію? Чи подобається вам праця вашого партнера?
— Чи говорите зі своїм партнером про його працю і проблеми, пов'язані з нею? А про товаришів? Чи вмієте слухати, коли хтось говорить про свою працю?
— Чи ви вже зобов'язалися (чи ще тільки думаєте про це) до якоїсь праці на парафії? А в суспільстві? В якійсь політичній організації?

Господи, Ти — безмежна відкритість, безмежна любов, і хочеш, що б ми не замикалися в собі. Дай нам ласку створити родину, відкриту для друзів, старих, убогих; родину, активну в суспільному житті нашої землі й нації. Ти безмежна любов з твоїм Сином Ісусом Христом і Святим Духом, тому дякуємо Тобі за це цілим нашим серцем.
Амінь.

УЧАСТЬ У ПАРАФІЯЛЬНОМУ ЖИТТІ 10.

Кілька слів про богослов'я подружжя

Ми дійшли висновку, що подружжя, аби відкритися для інших, має володіти собою і звертатися до джерел своєї єдності, яка основана на вірі. Необхідно розвинути цю тему, щоб показати усю силу віри зрілого християнського подружжя.

Таїнство подружжя є не тільки актом, що виконується певного дня певного року, але є станом, що триває ціле життя. Тому підготовка наречених вимагає, щоб вони побачили цілу дорогу майбутнього подружнього життя, яка постійно має давати плоди таїнства.

Останнім часом Церква з більшою турботою звернула свою увагу на християнське подружжя, щоб допомагати йому зрозуміти висоти таїнства любові. В окремий спосіб, починаючи від Другого Ватиканського Собору, численні пасторальні документи вияснюють, уточнюють і поширюють головні риси подружньої й родинної духовності, що основується на богослов'ї таїнства. Хочемо подати короткий зміст цієї духовності.

Між одруженими постає сопричастя любові, що обіймає дві особи в їх цілості. Якщо людина перебуває в благодаті, вона як дитина Божа бере участь у триєдиному сопричасті Бога і, через це, у сопричасті святих, тобто стає живим членом того Таїнственного Тіла, Головою якого є Христос.

Отож, якщо двоє християн одружуються, їх сопричастя любові посилюється Божою благодаттю: вони не тільки злучені юридичним зв'язком, вони є двоє в одному тілі, мають дітей, допомагають одне одному та займаються різними справами. Вони злучені у триєдиному Божому сопричасті і є членами одного Тіла. Коротко кажучи, вони є не тільки подружжям, але й братом і сестрою у Христі.

А коли народжується дитина? Спочатку вона буде тільки тілом їхнього тіла, плодом їхньої любові, але потім, через Хрещення, вона стає членом церковної спільноти, встановлюючи з батьками нові невимовні зв'язки. Вона вже не буде тільки їх дитиною, а їх братом чи сестрою у Христі. Тоді подружня любов підноситься до Божої любові як символ і образ спасительного Союзу, що єднає Бога з Його народом. А відданість Христа своїй Обручниці-Церкві, полюбленій аж до смерті на хресті, стає прикладом відданості одружених, покликаних бути покірними, але справжніми свідками любові, що звільняє і викликає надію у світі часто порушених й збезчещених почуттів.

Це висока та відповідальна дійсність, і, щоб втілити її, необхідно подолати довгу дорогу досвіду і роздумів. Тому Церква запрошує подружжя стати протагоністами богослов'я й пастирських послань, що їх стосуються. Бо саме вони, живучи тим таїнством, можуть допомогти богослов'ю поглибити ці теми та осучаснити їх розповсюдження.

Родина — мала Церква

У 1949 р. в Італії з'явилася книжечка Карло Карретто „Родина — мала Церква". Вона внесла багато нових ідей і викликала чимало дискусій. У наш час легше зрозуміти, що „мала родинна Церква" — це прекрасна програма, чудова ціль, до якої слід прямувати, яку таки не треба плутати з дійсним станом кожної родини, що зветься християнською.

Але без програми і цілі далеко не зайдеш. Тоді треба сказати: „Родино, стань такою, якою задумав тебе Господь!" Отож погляньмо, чим є родина в тому Божому задумі.

У родинній спільноті, як і у великій спільноті Церкви, циркулює життя Ісуса Христа, збагачене таїнствами Євхаристії й Подружжя, прожите послідовно. Допомагаючи взаємно одне одному, подружжя (а пізніше й діти) зобов'язується до навернення до Бога, яке полягає у здійсненні тих чеснот, що ведуть до особистого освячення.

Як батьки, вірні місії, порученій їм таїнством Подружжя, вони є співробітниками спасительної плідності Церкви та, виховуючи по-християнськи дітей, виконують завдання посередників між Богом і людиною, дуже подібне до завдання священиків. Вони ж бо любитимуть своїх дітей любов'ю набагато більшою від тієї, що викликана кровним зв'язком, і будуть виховувати їх не тільки для спільноти людей, а передусім для спільноти Божої.

А з „малої Церкви" вони відкриються великій церковній спільноті, поділяючи з нею місію проголошення спасіння. В такий спосіб ми будемо відповідально жити у нашому часі, що вимагає переходу від давнього, позначеного традиціями та звичаями християнства, до нового християнства, вибраного особистим переконанням.

Єдність у Христі

Перший і найголовніший зв'язок з Церквою родина здійснює в інтимності свого дому, там, де любов об'єднується і задуми гармонізуються з допомогою Благодаті. Тоді починає творитися єдність родини на взірець церковної єдності.

„Творити єдність" — означає не тільки злучуватися, а зливатися в одне; а це глибше, відповідальніше, тому що вимагає переміни „я і ти" в „ми". Дві особи залишаються по-своєму різними, так, як Божі Особи, але невимовно злученими в єдності, подібно до єдності Бога. Ми не хочемо, щоб нас погано зрозуміли: ця єдність не є автоматична. І не досить одружитися в церкві, щоб її здійснити, як і не вистачає „одружитися в Господі", якщо потім не продовжувати одруження в Ньому до кінця життя. По суті, єдність у Христі здійснюється тільки волею мати Його як вічного гостя.

Ось деякі свідчення.

Пилип і Анна: „У день шлюбу ми жертвували Богові свою любов, зобов'язуючись створити християнську родину. У нас було багато труднощів: Анна хворіла, потім — вагітність, дитина народилась передчасно. Господь випробовував нас, але ніколи не залишав самих. Без сумніву, силу ми знаходили в Святому Причасті, переживаючи його як найвищу точку нашої злуки з Ним і в Ньому".

Марта і Яків: „Увечері після нашого весілля ми пообіцяли, що не заснемо, не сказавши один одному „добраніч" і не помолившись. Незабаром уже четверта річниця нашого весілля, а ми щодня виконуємо нашу обіцянку. Часто якась суперечка чи непорозуміння розділяють нас. Проте бажання за всяку ціну віднайти нашу любов, незважаючи на негаразди і труднощі, напевно, було полегшене тією обіцянкою".

Володимир і Марія: „Ми походимо з релігійних родин, які все ж були не дуже практикуючими. Вона вчилася у школі при монастирі, я був пластуном. Ми думали, що наше юнацьке формування дозволить нам жити „з прибутку". Але після року подружнього життя ми побачили, що це не так: треба навертатися щодня, змінювати свої переконання, рости, якщо справді хочемо жити нашим таїнством. Але тепер нас двоє: де не доходить один, доходить другий".

Молитва в родині

Якщо особиста молитва є першим виявом внутрішньої правди людини, і тому не можна її занедбувати, то спільна молитва є виявом вірності родини Богові. Його вважають, бо так є насправді, великим Присутнім на всіх радісних і сумних подіях родини, невичерпним

Джерелом допомоги, внутрішньої сили, що спонукає до активної участі в житті та в місії Церкви.

Молитва двох чи більше людей є пошаною свого покликання, а також запорукою Божої присутності: „Де двоє або троє зібрані в моє ім'я, там я серед них“ *(Мт. 18, 20)*.

Вчити дітей молитися вже у раньому віці — це допомагати їм від перших років життя дихати повітрям віри і спокою. Біля подружнього ліжка, навколо столу, біля колиски найменшої дитини збирається родина, щоб висловити Богові почуття похвали і подяки, жертви, благання допомоги й прощення.

Добре також в єдності з Церквою переживати літургійний рік. Великі свята, як Різдво, Воскресіння, Зіслання Святого Духа, Успіння Пресвятої Богородиці... та важливі періоди, як піст перед Різдвом, Великий Піст, Страсний Тиждень... подають тему для роздумів і науку дітям (і дорослим!).

Треба також готуватися до недільної Служби Божої і Причастя, джерела сили, віри, любові.

Очевидно, що спільна молитва має спонукати, але і шанувати волю кожного: не можна вимагати, щоб усі були захоплені почином іншого і негайно відповідали на нього. Терпеливість, далекоглядність, делікатність, розуміння, гармонія між вірою і життям є основою родинної молитви, що має бути справжнім складником єдності і зрілості.

Ось деякі свідчення.

„Ми з чоловіком від перших днів подружжя почали разом молитися за кілька хвилин перед їжею. Це дуже гарні хвилини: забуваємо про все, щоб думати тільки про Бога. Молимося і перед сном: відмовивши кілька щоденних молитов, даємо волю нашій спонтанності й просимо прощення за випадкове прогрішення чи зайве слово“ (Юлія, 6 місяців після шлюбу).

„Вранці не можемо молитися разом, бо я мушу виходити дуже скоро і жінка поспішає. Але ввечері ми сходимося в дитячій кімнаті й молимося. Ми дуже хочемо, щоб ці хвилини були найкращими хвилинами дня“ (Марко, 7 років подружжя).

Послухаймо також, що говорять про невигоди і труднощі.

Ось що каже мати двох дітей: „Ввечері ми завжди спільно молимося, але деколи не можемо зосередитися, особливо тоді, коли хочемо перейти до молитви від душевного напруження чи неприязні“. Правильно. Якщо молитва є життям, то і життя певною мірою має бути молитвою.

„Я і моя жінка (пише один чоловік, який не має дітей) молимося разом. Це вже звичка і, на жаль, такою ж стала наша молитва: порожньою та холодною. Не знаю, чого ми хочемо, можливо, не відчуваємо внутрішньої потреби щирої молитви про допомогу“.

Правда, молитва, щоб не стати звичкою, має походити з душі, спонуканої свідомістю своєї убогості і слабості.

Інше подружжя нарікає: „Ми молимося, щоб забути про труднощі, але нам здається, що виконуємо тільки якийсь обряд“. У цьому випадку маємо неправильне розуміння молитви. Молитва підносить до Бога, але не занедбує міжособових зв'язків у родині, ні зовнішніх, ні внутрішніх, які є живою матерією нашого покликання.

Розважання над Словом Божим і молитва стають світлом і силою нашого життя. Вони провадять нас по добрій дорозі; підтримують вірність нашої любові і чинять її плідною в родині, в Церкві, у світі.

Дорога „блаженств"

Говорячи про роль родини в Церкві, неможливо оминути „блаженства“ — правдивий зміст „Доброї Новини“, вдосконалення Мойсеєвого Закону.

Десять Заповідей — це дані Богом закони, щоб людина шанувала справедливість сотворіння, щоб була вірна Божому образові, виплеканому в ній. „Блаженства“ належать до нового Союзу, що приносить людині, задля заслуг Христа, силу благодаті, тобто участь в любові Трійці.

Це радше запрошення і натхнення ступити з любов'ю на дорогу спасіння, ніж норми, встановлені законом. Вони припускають, і навіть проголошують суворість боротьби з гріхом, але водночас дають певну надію на перемогу тим, хто вибирає Христа і побудову Його Царства.

Родина, як розсадник синів Божих, має по-особливому слухати заклик „нагірної проповіді“ і відчувати зобов'язання відповісти на нього. Це програма життя, яка буквально перевертає багато законів щастя, що дає світ, вказуючи на справжні цінності.

Убогість і зречення

Заохочення більше дотримуватися „логіки буття“, а не „логіки володіння“, стосується всіх подружніх пар, і віруючих, і невіруючих, чутливих до основних вимог людської особи.

Але для того, хто живе вірою, відкриваються ширші перспективи: Церква прямо говорить про убогість, бо сам Ісус пропонує убогість як умову, щоб здобути Царство Боже.

Що значить нині для християнської родини вірити в правду цього „блаженства“? Не тільки „не красти“ і „не пожадати чужого“, як каже Старий Завіт, але в ім'я любові, що є силою і засобом, сильнішим від страху, радісно відкрити душу убогості, що єдина веде до відчуття потреби спасіння і прощення.

Стати убогим — це визволити серце від усіх обтяжливих зв'язків і, як дитина, віддатися Богові, а не людським непевностям. Отож, конкретно:

відкинути пишність, уникати жадібності і прив'язаності до земних благ;

вести скромне родинне життя в атмосфері простоти і спокою, що сприяє „радості життя“;

приймати убогих і допомагати їм, зустрічаючи на нашій щоденній дорозі; і не тільки тих, що не мають хліба, одягу, хати, але і стражддущих, знесилених, зневірених, самотніх, розгублених, відкинених...

Досить легко наповнити якимось даром порожнечу, яка твориться потребою; тяжко натомість вчинити, щоб убогий не впадав у відчай і ненависть, а відчував живу і діючу Божу любов. Тоді убогість справді буде порогом до Царства Небесного, тому що приверне благодать як на того, що в біді уповає на Бога, так і на милосердного його помічника. Помагати ближньому — це ставати руками Провидіння Божого.

Батьки повинні не тільки берегти дітей від хвороби споживацтва і заздрості, але також прививати пошану до убогості, представляючи її як серйозне випробування, яке, однак, звільняє душу від стількох недугів та залишає більше місця для Бога.

„Блаженство“ плачу

Старозавітні люди вважали, що багатство — це благословення Боже, а нещастя — знак неприхильності Божої. Тому плач і смуток виглядали як кара з неба.

Ісус приніс новину: „Блаженні засмучені, бо будуть утішені“ *(Мт. 5, 5)*. Отож плач набирає значення, яке перевищує кару, бо виявляє напруження духа, який страждає у смутку за Царством.

У житті ми зіштовхуємося з різними формами страждання, всі вони гідні пошани, але не завжди правдивого співчуття. Меланхолія жертви, що виливає душу у безконечних наріканнях, не є, звичайно, тим смутком, про який говориться в „блаженствах“.

Але є біль, що нагадує про несталість нашої долі і спонукає просити потіхи. Це хвороба, розчарування, смерть або нещастя, що спадають на покоління чи на якусь спільноту. Згадаймо про проблеми подружжя: труднощі з житлом, економічні нестатки, важкі стосунки, хвороби і виховання дітей. Багато хто не витримує і при першій появі страждання відступає або падає під його тягарем. Але християнське подружжя бере свій хрест і йде за Христом.

У випробуваннях гартуються характери, люди готуються співстраждати з іншими. З огляду на це батько і мати є джерелом милосердя. Але є одна причина смутку, на жаль, рідкісна, яка мала б поширитися: спустошення, спричинене гріхом.

Нинішній світ переживає страшенну втрату — втрату поняття гріха: все робиться малим, незначним в ім'я якогось психологізму чи тільки соціологічного поняття про життя. Вибачають кожний вчинок, спрямований на збереження свого „я“ від розчарувань, і не визнають іншої вини, крім „суспільної“.

Нові родини мають завдання відновити поняття особистого і суспільного гріха, без перебільшень як щодо суворості, так і щодо маловажності. Зло треба поборювати в солідарності з усім Таїнственним Тілом, черпаючи силу в таїнствах Сповіді і Євхаристії.

Але перед цим треба навчитись правильно розпізнавати гріх. Дуже часто проектуємо зло зовні нас, ніби бажаючи скинути з себе всю вину. Забуваємо, що зло не може бути навколо нас, а тільки — усередині нас.

Тому християнське подружжя, перш ніж виявити свій біль з приводу більш помітних (часто підроблених) форм зовнішнього зла, повинно реагувати на свідомі гріхи проти Бога, проти життя, проти вірності любові.

У всякому разі, найглибшою причиною кожного смутку є почуття, що ми у вигнанні, почуття, що ми — внизу, а вершина кличе нас до себе. Однак надія потішає той смуток.

Смирення серця

„Ви чули, що було сказано давнім: „Не вбивай..." А я кажу вам, що кожен, хто гнівається на брата свого, підпаде судові" *(Мт. 5, 21-22).*

В дусі Нового Союзу Ісус проголошує: „Блаженні тихі, бо вони успадкують землю" *(Мт. 5, 4).* Отож, більше немає заборонного наказу. Є заклик іти з запалом дорогою беззахисної любові.

Смиренний — це той, хто любить Бога і ближнього, хто знає, що насильство облудливе, бо ніколи не призведе до порядку; може примусити, але не переконає, може знищити тіло, але не дух. Тільки любов будує назавжди.

Отож смирення — це форма довіри до вічного, це канва довготерпеливості, що прямує до остаточної перемоги і чинить опір попереднім випробуванням.

Зло перемагає? „...пекельні ворота її не подолають" *(Мт. 16, 18).* Все ми втратили? „Господь дав, Господь і взяв" *(Йов 1, 21).* Нас образили? Все можна перетерпіти, відколи Агнець Божий став невинною жертвою за нас.

Подружжя смиренно зустрічає труднощі, бо знає, що Бог керує історією і зло перетворює у добро. І не відповідає насильством на насильство, а старається перемогти зло добром, не вдаючися ні до гніву, ні до ненависті, ні до нетерпеливості.

Але маємо добре зрозуміти, що значить бути смиренними. Смиренна людина не приймає поганих вчинків пасивно, бо так вона була б, певною мірою, їх співучасником. І навіть її послух провідникам Церкви є свідомим і активним прийняттям, щоб глибше зрозуміти і краще виконувати Боже Слово. Лояльність до законів і установ є також виявом смирення, але при умові, що вона забезпечується свободою і пошаною непорушних вимог сумління; зріле сумління вміє віддати „ксареві кесареве, а Богові Боже" *(Мт. 22, 21).*

Справедливість і любов

Бути справедливим — це „віддавати кожному те, що є його". А передусім Богові. Шанувати день Божий, призначати достатньо часу для молитви, розважання і відданості братам, підтримувати свою віру і надію — це основні обов'язки християнського подружжя.

Потім — справедливість стосовно інших; неможливо зрозуміти, як можна відділити Бога від справедливості щодо людей. Ходити до церкви й обманювати ближнього, приступати до Святого Причастя і не любити своєї родини, давати милостиню і не платити заробітної платні робітникові — це незрозуміле поєднання.

Скажемо також, що нові подружжя мають відновити любов до справедливості у спосіб більш достовірний: економічну і суспільну нерівність, сваволю, що порушує основні права особи, аморальність, що поширюється, не мають давати нам спокою, доки ми не зробимо свого позитивного внеску для більш справедливого суспільства.

Тому і вдома, і на роботі маємо виявляти справді християнське почуття справедливості, боротися проти зла і служити добру.

Але самої справедливості не вистачає. „Завжди залишається простір, в якому тільки особиста відданість чи дух добровільної послуги можуть піти назустріч потребам і вимогам братів" (Павло IV).

Особливо солідарною родина має стати, коли трапиться якесь нещастя. Але завжди по можливостях, і не тільки матеріальних. Щодня маємо тисячу можливостей виявити нашу любов до ближнього: прийняти, допомогти, виявити пошану чи ввічливість... І великою протилежністю до цих добрих намірів є не шанувати, не довіряти, відмовляти у прощенні, чи навіть у простому привітанні, тому, хто нас образив або був тільки незгідний з нами...

Чистота

„Ви чули, що було сказано: не чини перелюбу. А я кажу вам, що кожний, хто дивиться на жінку з пожаданням, той вже вчинив перелюб з нею в своїм серці" *(Мт. 5, 27)*.

Євангельські слова „Блаженні чисті серцем, бо вони побачать Бога" *(Мт. 5, 8)* доходять до глибини сумління і заохочують вчинити чистим джерело наших бажань і намірів. Якщо серце чисте, то і око буде ясне.

Чистота має свій властивий обов'язок щодо тіла, але поширюється настільки, що просочує ціле життя. Вона стає „незацікавленням", тобто запереченням нікчемних вдоволень не тільки чуттєвості, але і гордості та скупості.

Одразу скажемо, що подружня чистота означає правильне використання сексуальності, великодушну відповідальність за дар життя, нерозривність і вірність навіть у кризах.

Це може виглядати відхиленням від теми, але з точки зору віри мають співіснувати як подружжя, так і посвячене дівицтво. В Церкві, вже від її початків, разом з подружжям вчилися жити також іншим „аспектом“ злуки Христа з Церквою. Це дівицтво, яким прославляється перевага інтересів Царства Божого над усім іншим (яким цінним воно не було б) і прискорюється новий світ майбутнього воскресіння.

У наш час ведеться багато розмов на теми сексуальності і відповідального батьківства. Однак це буде поверхневим, якщо не відкрити взаємодоповнюваності між подружжям і дівицтвом, бо одне і друге є конечне для плідності християнського (служіння, об'явлення, послання).

Але дівицтво не здійснюється тільки ідеальним вибором, зробленим лише для того, щоб раз і назавжди звільнитися від обов'язку боротьби. Потрібно щоденної вірності, чутливої і до малих речей.

Нас легко спокушають видовища, книжки, журнали, розмови.., що мають дуже мало спільного із справді „людською“ сексуальністю. А чи не належимо ми до тих християн, які в неділю йдуть на Службу Божу, а в суботу ввечері ведуть непристойні розмови з товаришами, або дивляться порнографічні фільми, або висміюють товариша, „надто вірного“ своїй жінці.

Панування над собою не появиться у хвилину спокуси, а вимагає вправ, що звуться аскезою, і є подібні до спортивних тренувань. Святий Павло каже: „Хіба не знаєте, що ті, які біжать на перегонах, біжать усі, але лиш один бере нагороду? Біжіть так, щоб її осягнути! Кожний змагун стримується від усього; однак ті, щоб тлінний вінець здобути, а ми — нетлінний“ *(1 Кор 9, 25).*

Дивлячись на Пресвяту Богородицю, Пречисту Діву Марію, християнська родина утверджує себе в любові. Вона, що в радості й стражданні була дружиною і матір'ю, хай освітлює своїм прикладом і охороняє нашу родину.

Миротворці

Слово „мир“ уже від віків звучало в юдео-християнській формі привітання. У Старому Завіті мир прославлявся як символ очікуваного Миротворця. Мир — це дивна гармонія речей і живих сотворінь. „Вовк і ягня будуть пастися вкупі“ *(Іс. 65, 25).*

З приходом Ісуса Христа мир вкорінюється в добрій волі. Може бракувати зовнішньої гармонії, тому що світ — це поле, на котрому добрий рільник сіє добре зерно, а лихий — сіє кукіль. Але правдивий мир, що є злукою з Богом і з людьми-братами, не можна відняти у тих, що ним володіють. Він походить від духа і з нього випромінюється назовні.

Будь-яка надія на ідеальний порядок у такому пошматованому і неспокійному суспільстві не може не основуватися на такому мирі. Хочемо боротися проти закликів до війни, проти тероризму, тортур, репресій? Пам'ятаймо, що насильство гніздиться в серцях, і звідти треба його вигнати любов'ю.

Мир можливий тільки тоді, якщо кожен справді його хоче, обороняє і працює для нього. Але егоїзм часто спокушає нас фальшивим миром: жити собі окремо й без турбот; часто надмірне довір'я до людини спонукає нас переоцінювати зовнішні структури і результати їхньої роботи, так ніби це остаточне розв'язання проблеми миру. „Коли Господь та не будує дому, — дарма працюють його будівничі" *(Пс. 127, 1)*.

Подружжя, що зберігає в собі мир і поширює його, випромінює радість зі щасливої для поділеного стількома незгодами світу Новини. Двоє, що творять пару, можуть мати різні темпераменти і дозволити собі жваві обміни думок, але, напевно, викинуть зі свого життя злість і незгоду в основних справах. Секретом їхньої згоди є, без сумніву, любов, але і розуміння, молитва, воля, що відповідає „так" покликанню.

Той, хто свариться за ніщо, хто використовує слова чи жести, що глибоко ранять, не є людиною миру. Але не є такою людиною той, хто не допомагає іншому створити мир в собі самому, а спричинює йому труднощі чи викликає в ньому несправедливе почуття вини.

„Миротворче" подружжя ніколи не спричинює незгод у стосунках з іншими, не переказує речей, що могли б розділяти, не говорить зле про інших; коли бачить сварку, діє поміркованo і безкорисливо, щоб допомогти порозумітися і простити.

Існує „важкий" мир з тими, що знаходяться на іншому ідеологічному боці, з тими, що вибрали неприйнятний спосіб життя, з тими, що виступають проти чи висміюють нас. Тільки тоді ми станемо миротворцями, якщо, будучи не в змозі виправдати ближнього, розуміємо його і запрошуємо до діалогу, з вірою, що примирення і згода є можливими.

Мир також ніколи не може стосуватись певної групи, тому що він має універсальний масштаб і ставить нас у гармонію з іншими членами Таїнственного Христового Тіла. Я — ситий, але чи в мирі я з тими, що голодують? Я маю свободу віровизнання, але чи в мирі я з тими, кого за віру переслідують? Словом, маємо відповідати на запитання: „Де Авель, брат твій?“ *(Бут. 4, 9).*

Мир — це дар Божий. Коли ми зробили все, що могли, і почуваємо себе знесиленими перед темнотою історії чи тривогою останніх днів. Молитва, піднесена до Бога, повертає нам надію і довір'я та переконує, що дар, якого всі бажають, належить тільки тому, кого пророки назвали „Князем миру“.

Страждати задля Христа

Під час численних переслідувань жидівський народ звертався до Бога-Визволителя, однак йому тяжко було прийняти ідею недаремного страждання. Велике нерозуміння в народі зустрічали ті пророки, які представляли Месію як „людину страждань“ *(Іс. 53, 3).* Багатьох з них переслідували, вони стали знаками страждаючої місії Спасителя.

Словами „Блаженні переслідувані за правду, бо їхнє Царство Небесне“ *(Мт. 5, 10)* Ісус підтверджує, що найвищою вимогою Царства є любов; любов така велика, що не боїться страждати за вірність. „Ніхто неспроможен любити більше, ніж тоді, коли він за своїх друзів своє життя віддає“ *(Йо. 15, 13).*

Цей найбільший доказ любові дали мученики, кров яких була насінням нових християн. Але Христових учнів переслідували не лише в минулому. В наш час також переслідують, ув'язнюють, карають, навіть убивають християн.

Але християни покликані засвідчувати свою віру під час переслідувань. Можна говорити і про „мале мучеництво“, коли зазнаєш відкинення, висміювання, тому що відважився осудити несправедливість чи закони (призначені державою), які суперечать християнській моралі.

Християнське подружжя саме тому, що інтимно живе любов'ю, не може не прийняти любові до Христа, сильнішої від смерті. Воно покликане обороняти ті цінності, які світ відкинув, зрошувати свіжою водою землю, висушену ненавистю, насильством, несправедливістю, хтивістю, егоїзмом. Треба мати відвагу, щоб виступити відкрито, і терпеливість, щоб зносити наслідки цієї відваги.

У наш час суспільне життя, позначене плюралізмом ідей, часто є полем бою. Подружжя, яке з любові до справедливості виявляє свою ідейну позицію в такому суспільстві, може називатися справді блаженним, якщо зустрічає протидію і переслідування не тому, що обороняє маловажні людські справи, а тому що виконує Божу волю.

Деколи найближчі люди (батьки, брати, приятелі...) зовсім не розуміють подружжя, коли воно звіщає про нове материнство, коли відмовляється від праці, що приносить більший заробіток, але не є цілком чесною, коли усиновлює дитину...

Тоді подружжя проходить тяжке випробування, бо відчувається певного роду зрада найдорожчих осіб. Це саме час вдатися до внутрішніх сил, щоб спокійно прийняти, з любові до справедливості, це страждання, за яке Бог щедро винагородить.

Джерело родинної святості

Подружжя і Церква мають особливе і дуже важливе завдання: виховувати святих. Тяжке завдання, що приносить втіху і розчарування, як, зрештою, кожне апостольське діло. Сіється без претензії на жнива.

Батьки, злучені у справі виховання й утвердження дітей у святості, тобто уподібненні до Христа, дають світові справжнє свідчення. Святість виглядає менш далекою, коли промовляє щирим зусиллям у щоденній дійсності.

Перш за все батьки для виховання дітей повинні черпати допомогу з благодаті, вдаючись до Святих Таїнств.

Хрещення, тобто примирення людства з Богом, є подією, яку в родині очікують з радістю. Охрещена дитина через любов батьків стає учасницею неоцінимої благодаті.

Очевидно, на шляху до самостійності дитина буде наражатися на небезпеку. Але віра — це ризик для всіх, з одною-єдиною ставкою в грі — вічним життям.

Найважливішим є те, щоб батьки дали дитині успішні передумови для осягнення цього життя. Бог запрошує, але не примушує волю людини, так і батьки мають відкривати своїм дітям доступ до спадщини святих.

Але тільки тоді, коли діти будуть приступати до Святого Причастя, можна вважати, що їх дорога до повноти християнського життя вже добре розпочата.

Ще одне таїнство доповнює вхід у християнське життя: Миропомазання. (В нашому обряді воно відбувається відразу після хрещення, а в латинському — біля 12 року життя. *Прим. перекладача*). Воно утверджує християнина в тому, що спасаючи інших, він спасається сам. Треба нагадувати про це дітям.

Сповідь — це таїнство прощення, допомоги Божої любові нашій слабості. Часта Сповідь зміцнює батьків у їхніх обов'язках, сприяє спокійним стосункам між чоловіком, дружиною та їхніми дітьми. Бог, що прощає, навчає прощати. Навернення, викликане вірою, навчає з довірою змінювати життєві плани.

Коли настає драматична хвилина тяжкої хвороби і здається, що смерть стукає у двері, таїнство Єлеопомазання допомагає тим, що страждають, супроводить вмираючого, а тим, що лишаються, дає спокійну певність злуки, що перемагає смерть.

Хвороба із своїм „комплектом" страждань, навіть якщо немає небезпеки смерті, є випробуванням, що спадає на всіх і, отож, на родину. Тоді хворий буде покликаний жертвувати свої страждання разом з Христом, а хто з любов'ю допомагатиме йому, буде втілювати Боже милосердя. В таких обставинах родина творить спільноту молитви, знаходячи у цей тривожний період нові можливості взаємного дарування і довір'я до Бога.

Погляньмо тепер трохи далі, на сина чи на дочку, що вибирає своє покликання. У світі є безліч доріг, і деякі з них перетинаються з канвою окремих Божих планів. Тоді, якщо Богові сподобалося вибрати спеціальним покликанням сина чи дочку, треба з відвагою схилити голову перед вищою справедливістю Царства Божого.

Бувають різні покликання до посвяти. З них виділяється те, що завершується Священством. Завдяки цьому таїнству ми маємо „отця", що видимо представляє нам Отця Небесного, пастиря, що дбає про стадо, посередника благодаті і спасіння.

Однак знаємо, що більшість молодих людей одружується, тому треба відкрити дітям гідність і красу цього таїнства, щоб вони пізнали дар, приготований Богом для них, — дар нового свята любові.

Коли настане та хвилина, і наречені всім своїм єством благатимуть освячення їхньої злуки, ми з трепетом скажемо, як Марія в Кані Галилейській: „Не мають вина", — щоб Господь дарував свого щедрого вина для повноти їхньої любові.

На парафії

У Церкві бачимо багато покликань, різні можливості й природні здібності кожного, отож і різні завдання.

Перша спільнота, що кличе нас до себе, — парафія. Це не віддалена частинка великого тіла, але живий і досконалий організм, в якому живе Божий народ, частина Таїнственного Тіла Христового, що як кожна частичка Євхаристійного Хліба має ту саму суть, що і цілість, яку представляє.

Ця парафіяльна церква, якою б малою чи бідною вона не була, є, ні більше ні менше, місцем Євхаристії й злуки з пастирями та всіма братами. За обставин, що виглядають випадковими, але є виявом Божого задуму, вона об'єднує осіб різної культури, різних суспільних верств, різних почуттів, здібностей і покликань.

Така різноманітність дозволяє взаємодоповнюючий обмін дарами, але за умови, що насправді шукаємо єдності. Нелегка це справа. Щоб уникнути поділу і роздору у спільноті, треба правдиво відкрити пріоритет любові, яка єдина веде до діалогу (замість протистояння) та до шанобливого щирого порівняння ідей.

Християнське подружжя входить до парафії з активним настроєм говорити, допомагати, діяти, але водночас із покорою та готовністю до служіння. Таке ставлення є необхідним також у стосунках з пастирями, що провадять нас.

Є люди, які не беруть активної участі в житті парафії, бо їм не подобається парох. У містах вони шукають собі іншу церкву, яка їм більше подобається, позбавляючи парафію своєї присутності та співпраці.

У наш час існують різні парафіяльні організації. Бути членом хоч однієї з них, але не в данину моді чи з якихось інших причин, а тільки з пориву любові, без сумніву, є знаком християнської живучості. Однак такі групи чи рухи мають подолати спокусу творити „церковцю", вузьке коло, де нам так добре, бо всі поважають і люблять одне одного.

Марія — мати християнської родини

Марії належить особливе місце в родині віруючих.

Вона, що дала Спасителеві разом з повною відданістю духа всю свою любов, є для нас живим образом найчистішої материнської любові. Мовчазним і укритим було її служіння, але основним в цілій історії спасіння; це служіння матері, що, без видимої влади, злучує почуття, які об'єднують членів родини.

Перше Ісусове чудо в Кані було наслідком милосердя Марії до подружжя. Це запорука постійного заступництва за родинну спільноту.

Марія є взірцем матері: вона прийняла пропозицію ангела Господнього, любила свого Сина, співстраждала з Ним, прийняла людство під свою опіку і любить кожного з нас.

Вона — нова Єва, в якій Бог повернув собі радість за своє створіння. Вона — вмістилище мудрості і взірець досконалої любові; хто щиро любить, той наслідує її, яка з дитинства плекала непорочну любов, щоб дарувати її Богові.

Немає болю, над яким би вона не схилялася з милосердям, щоб дати любов і мир. А якщо хтось вважатиме своє страждання надто великим, отримає полегшення саме від неї, що мала право казати: „Погляньте, чи є ще біль, як мій".

Вона справді є „сукупністю" всієї любові, яку може виявити людство, відновлене прощенням. Ми завжди мали б про це пам'ятати для нашої потіхи.

Вервиця, покірливий, але зворушливий ряд тайн Марії в Ісусовому житті, має повне право увійти в життя родини.

Дай Боже, щоб з допомогою Марії родина змогла подолати нинішню кризу і віднайти джерело правдивої любові. Бажаємо, щоб молодь на основах віри і людяності будувала те, що ми тут коротко представили, — родину, яка була б квасом у тісті і світлом у світильнику.

Для роздумів

1. Чи задумувались ви коли-небудь про велич справжнього християнського подружжя? Що робили до цього часу, щоб приготуватись у цьому розумінні до майбутнього життя? Чи молитесь разом?

2. Чи думаєте реалізувати „убогість“ у вашій родині? Яке ваше ставлення до бідних?

3. Як ви реагуєте, зустрічаючись із неприємностями чи непорозуміннями? Чи маєте довір'я до Бога?

4. Чи часто сердитеся? Чи легко вам відповісти добром на зло?

5. Чи маєте ви почуття справедливості? Чи страждаєте з приводу соціальної несправедливості у суспільстві?

6. Що думаєте про чистоту? А про дівицтво посвячених Богові осіб? Як захищаєте власну чистоту (напр., перед тими, хто непристойно про неї говорить)? Чи можете відмовитись від видовищ та книжок, які представляють сексуальність у спотвореному вигляді?

7. Чи вважаєте себе мирною особою? Чи допомагаєте іншим творити мир в собі та з ближніми?

8. Як реагуєте на зневагу вашого способу бути християнином та вашої чесності? Що думаєте про тих, хто зазнає переслідувань заради любові до справедливості?

9. Чи дійшли ви згоди щодо хрещення ваших дітей? Як будете практкувати у вашій сім'ї таїнства Євхаристії та Покаяння?

10. Якими є ваші стосунки з парафією? Що на вашу думку їх ускладнює? Чи належите ви до якої-небудь парафіяльної групи?

11. Яке місце у вашому житті займає Богородиця (окрім ікони над ліжком)?

Молитва

Отче Предвічний, Ти, що покликав кожну родину бути малою домашньою церквою, направ наші стопи на дорогу блаженств, щоб бути як Христос — убогими, смиренними, чистими серцем, щедрими в прощенні, сіячами миру та надії, любити правду та справедливість. Даруй нам духа великодушності та готовність служити нашій спільноті на славу Господа нашого Ісуса Христа. Амінь.

ЗМІСТ

Науково-популярне видання

Коста Розіна і Джіно

І ДВОЄ СТАНУТЬ ОДНИМ...

Роздуми і пропозиції для підготовки до подружжя і життя в подружжі

Літературний редактор: *Світлана Янів*
Художній редактор: *Роман Скиба*
Технічний редактор: *Ірина Стемпіцька*

Підп. до друку 11.05.2007. Формат 60х84/16. Папір офс. Офс. друк.
Ум.-друк. арк. 9,3. Ум. фарбовідб. 9,5. Обл.-вид. арк. 7,6. Зам.

Видавництво "Свічадо"
79008 Львів, а/с 808, вул. Винниченка, 22
тел. (0322) 74-23-09, (032) 297-16-33
e-mail: post@svichado.com, url: www.svichado.com